A MEDIDA

Patricia Santervás • José Ramón Rodríguez

Curso para clases presenciales y *online* individuales.

A1-A2

Usa este código para acceder al
LIBRO DIGITAL
y a las actividades **ANTES** y **DESPUÉS**
de cada lección, y a los **AUDIOS**
disponibles en

www.anayaeledigital.es

Adquiere una licencia para
la *Guía didáctica digital* y así
podrás acceder a:
- **EL LIBRO DIGITAL**
- **LOS RECURSOS DIGITALES**
- **LA GUÍA DIGITAL CON SU PLAN DE CLASE**

Primera edición: 2023

© Grupo Anaya, S. A, Madrid, 2023
© Autores: Patricia Santervás González y José Ramón Rodríguez Martín

Equipo editorial
Coordinación: Mila Bodas Ortega
Edición: Óscar Cerrolaza Gili
Diseño de cubierta e interiores: Carolina García González
Maquetación: Lidia Muñoz Martín
Corrección: Carlos Miranda de las Heras
Diseño y maquetación de los recursos digitales: Eva Gómez Portero

Fotografías e ilustraciones: Alamy/Cordon Press (Archivart; Photo12; Pictorial Press Ltd; RGR Collection), Album (Anonimus Content/First Look Media/Participant Media/Rocklin; Movistar+; Movistar+ Portocabo; Plano a Plano/Netflix; Vaca Films/Netflix), Archivo Anaya (Enríquez, S.; Martin, J.), Getty Images (Leo Mason/Popperfoto), Scala Archives (Christie's Images, London), 123RF y colaboradores. P. 11 Semana Santa en Málaga, cortesía del autor.

ISBN: 978-84-143-3540-6
Depósito legal: M-29866-2022

Impreso en España/*Printed in Spain*

- Las normas ortográficas seguidas en este libro son las establecidas por la Real Academia Española en su última edición de la *Ortografía*.
- Cualquier forma de reproducción de esta obra solo puede realizarse con la autorización de la editorial, salvo excepción prevista por la ley. Diríjase a CEDRO (Centro Español de Derechos Reprográficos,

PAPEL DE FIBRA
CERTIFICADO

PRÓLOGO

El libro que tienes entre manos, **A medida**, es un manual ideal para ti y para el tipo de curso que has elegido, porque quieres aprender español en clases individuales (particulares o privadas) tanto de forma presencial como en línea.

En él encontrarás lecciones de una hora lectiva de duración, en las que trabajarás con una secuencia didáctica completa para adquirir objetivos de aprendizaje inmediatos. Para conseguirlo y aprovechar mejor el tiempo, te proponemos que, antes de la clase, captures con tu móvil el código QR y realices unos ejercicios que te permitirán estar mejor preparado/a para la clase. Activarás tus conocimientos previos, conocerás el léxico que vas a usar durante la lección y repasarás o conocerás la gramática necesaria, lo que te permitirá una mejor preparación para la clase. Haz las actividades y guarda el documento, lo necesitarás para la clase.

Durante la clase tendrás la ocasión de hablar, expresar tu opinión e interactuar con tu profesor o profesora, y así estarás aprendiendo español de una forma más eficaz y comunicativa. Para ello, en clase, no solo harás las actividades que ves en el libro, sino que, además, tu profesor o profesora te mostrará muchos recursos, esquemas y actividades digitales, para enriquecer tu experiencia y para favorecer la expresión de la opinión y la conversación.

Para asentar bien lo que has aprendido, después de clase, accede a través del código QR a los ejercicios de repaso, ampliación y autoevaluación. Recuerda guardar el documento cuando termines y envíaselo a tu profesor o profesora para que pueda observar tus progresos.

¿CÓMO APRENDER ESPAÑOL CON ESTE LIBRO?

Para usted, profesor o profesora

En el libro digital, dispone de...
- Un *pop-up* en cada actividad con sugerencias de explotación y las claves.
- Un plan de clase que puede guardar en su ordenador.
- La guía didáctica.

Este libro está organizado en 15 temas interesantes y actuales para motivar la conversación y la expresión de la opinión.

A lo largo del libro reconocerás este icono. Cuando tu profesor o profesora te lo presente (a través de su ordenador o de la pizarra digital, si es clase presencial, o mediante pantalla compartida, si es clase en línea) podrás realizar una actividad interactiva digital.

Cada tema consta de cuatro lecciones de una hora lectiva de duración cada una.

Antes de empezar o en el momento en que tú consideres, puedes reforzar el aprendizaje realizando esta actividad de contextualización, para activar tus conocimientos.

Sección de fonética para practicar la pronunciación.

Captura el código QR antes de la clase y realiza las actividades. Es parte de tu aprendizaje y te servirá para aprovechar mejor el tiempo y aprender más rápido. Recuerda guardar la página y tenerla disponible para la clase.

 Tu profesor o profesora te presentará esta información a través de su ordenador, en la pizarra digital o en la pantalla compartida.

 Vas a escuchar distintos diálogos. Puedes escucharlos tantas veces como quieras a través del libro digital o de ELE digital, o si te los pone tu profesor o profesora durante la clase.

Captura el código QR después de la clase y realiza las actividades para repasar, practicar más y evaluar lo que has aprendido. Recuerda guardar la página y enviársela a tu profesor o profesora, para que vea tus progresos.

ÍNDICE

1 Tu identidad
- Los verbos *ser, llamarse, tener...* para dar información personal
- Saludar, presentarse y hablar de la identidad
- Los saludos y las despedidas, los nombres de países y los números

Página 8

2 Cuestión de personalidad
- Los verbos *ser* y *trabajar*, los adjetivos calificativos y los posesivos para identificar personas
- Hablar de otras personas: carácter, descripción física y profesión
- Las profesiones, el carácter y los rasgos físicos

Página 18

3 Tu lugar en el mundo
- El contraste entre *hay, está(n)* y *es*, el verbo *ir* y las locuciones de lugar para explicar el entorno
- Describir el entorno en el que se vive y las actividades que se realizan
- Los puntos cardinales, la descripción de la ciudad, la vivienda y los muebles

Página 28

8 Mundo animal
- Los comparativos, los adverbios en *-mente* y las perífrasis de obligación para debatir sobre animales
- Comparar y debatir sobre los derechos de los animales
- Los animales y sus características

Página 78

9 Personas únicas
- Los verbos en pretérito perfecto para mencionar los cambios en la vida
- Destacar personas y acciones que han cambiado la sociedad
- Las actividades solidarias y altruistas

Página 88

10 Necesidad o capricho
- Los pronombres de complemento para conversar sobre regalos y compras, y sus destinatarios
- Participar en celebraciones y hacer regalos
- Los objetos de compras y los regalos

Página 98

11 Grandes momentos
- El pretérito imperfecto para describir el pasado y el contraste con el perfecto
- Relatar una historia pasada
- Las fiestas y los días festivos, y las etapas de la vida

Página 108

4
Tiempo al tiempo
- Los verbos reflexivos y las expresiones de tiempo y hora para enumerar hábitos
- Preguntar y decir la hora, situar actividades y hablar del clima
- Las acciones habituales, el clima y la ropa

Página 38

5
Tus gustos, tu dieta
- El verbo *gustar* y los pronombres para explicar los gustos y las preferencias
- Expresar gustos, mencionar la dieta e indicar intolerancias o prohibiciones
- Los alimentos, la comida y los sabores

Página 48

6
Para todos los públicos
- Los verbos irregulares en presente más frecuentes para contar el argumento de una película
- Presentar a un actor o una película y hablar de ellos
- Los géneros cinematográficos y las acciones

Página 58

7
Tipos de viajes y de viajeros
- Los verbos en pretérito perfecto simple para narrar
- Relatar un viaje y valorarlo
- Los tipos de viaje, el alojamiento y los medios de transporte

Página 68

12
El mundo del arte
- Los verbos *ser* y *estar* para valorar y definir algo
- Expresar la opinión y debatir sobre arte
- Las siete artes y dos más

Página 118

13
Vivir el futuro
- El futuro simple para hacer predicciones
- Hacer hipótesis sobre el futuro y el avance tecnológico
- Los inventos y la tecnología

Página 128

14
El mundo del deporte
- Las preposiciones, las perífrasis verbales y los conectores para detallar un deporte
- Presentar a deportistas únicos
- El deporte

Página 138

15
Estar al día
- Repaso de los tiempos del pasado para referir los hábitos
- Distinguir noticias verdaderas y falsas
- Los medios de comunicación

Página 148

TEMA 1 Tu identidad

Lección 1

Convivir con los demás
- Saludar y despedirse, presentarse y presentar a otras personas (*ser* y *llamarse*)

Lección 2

Los países que conozco
- Hablar de los países, las nacionalidades y los idiomas (*ser de...* y *hablar*)

Lección 3

Mi vida en números
- Hablar de la edad, la fecha de nacimiento y el día del cumpleaños. Dar datos en números (*tengo... años, mi cumpleaños es el..., mi número de teléfono es el...*)

Lección 4

Mi red social
- Hablar de la identidad ideológica, religiosa, por estado civil, por alimentación... Identificarse con un grupo (*ser* + adjetivo para decir la identidad)

¿Cuál es tu identidad?
Marca, ¿qué es importante en tu identidad?

- El país
- La profesión
- La religión
- La sexualidad
- La edad
- El deporte
- El grupo étnico
- La ideología

Yo soy de...
(país).

y soy...
(profesión/religión/sexualidad/grupo étnico, ideología).

Tengo...
(edad).

Mi equipo de.../deporte favorito es el...
(equipo deportivo/deporte).

Busca una foto

Otro: ....

Antes de la clase

Escanea el QR y prepárate.

Lección 1
Convivir con los demás

1 **Preséntate a tu profesor o profesora. Pregunta y escribe.**

1. ¿Cómo se llama tu profesor o profesora?
2. ¿Cómo se escribe su nombre y apellido?
3. ¿Cómo te llamas tú?
4. ¿Cómo se escribe?

Las letras

2 **Aprende a saludar y despedirte en español. Lee los diálogos y subraya los saludos y las despedidas. Luego, marca si es un saludo o una despedida y el momento del día.**

09:00
- ¡Hola! ¿Cómo te llamas?
- Me llamo Rebeca y soy española.
- ¡Hola! Buenos días, Rebeca. Yo soy alemán. ¿Qué tal?

18:00
- ¡Buenas tardes! Eres Claus, ¿no?
- Sí, Claus Müller. ¿Y usted, ¿cómo se llama?
- Me llamo Ana y soy tu profesora.

10:00
- ¡Adiós, hasta luego, Laura!
- ¡Adiós, mamá!

22:00
- ¡Buenas noches, papá! ¿Cómo estás?
- Bien, Paula. ¿Y tú?
- Mira, este es Juan, mi novio.
- Encantado, Juan.

¡Adiós! Buenos días.				
Buenas tardes. ¿Cómo estás?				
¡Hasta mañana! Buenas noches.				
¡Hasta luego, buenas tardes!				
¡Hola! Buenas noches.				
¡Buenos días! ¿Qué tal?				

TEMA 1

3 Lee otra vez los diálogos y busca los verbos *ser* y *llamarse*.
Luego, completa los siguientes diálogos con los verbos (...) y con los saludos (_).

10:00
- Hola, buenos _____.
  ¿Cómo ....?
- Candela. ¿Y tú?
- Fernando. ¿Qué _____?

16:00
- _____, Rosa.
  ¿Qué tal? ¿Un café?
- Sí, por favor. Muchas gracias.
  Mire, este .... mi novio, Lucas.

09:00
- _____.
  Esta .... María, de Brasil.
- Encantado, María.
- Igualmente. ¿Cómo .... usted?

22:00
- Hola, Hugo. ¿_____?
- Muy bien, gracias.
  ¿_____?
- Bien. ¿Quién .... él?
- .... mi amigo, se .... Paco.

4 Saluda y comunícate en español.
Crea un diálogo para cada foto.

5 Haz una presentación personal.
Di un nombre y deletréalo.

- Un nombre típico de tu país.
- El nombre y apellido de tu profe.
- El apellido más común de tu país.
- Un nombre que te gusta en español.
- Tu ciudad y tu país.

Repasa lo aprendido en clase.

Después de la clase

Antes de la clase

Escanea el QR y prepárate.

Lección 2
Los países que conozco

1 ¿Sabes qué idioma o idiomas se hablan en cada uno de los países que has aprendido antes de clase? Relaciona los países y los idiomas. Luego, responde a las preguntas.

1. En Canadá se habla...	a. ... el ruso.	1. ¿Sabes en qué países se habla español?
2. En Italia se habla...	b. ... el inglés.	2. ¿Qué lengua o lenguas se hablan en tu país?
3. En Brasil se habla...	c. ... el japonés.	3. ¿Cuál es tu lengua materna?
4. En Argentina se habla...	d. ... el español.	4. ¿Qué otras lenguas hablas?
5. En Chile se habla...	e. ... el portugués.	
6. En Marruecos se habla...	f. ... el italiano.	
7. En Chipre se habla...	g. ... el árabe.	
8. En Japón se habla...	h. ... el francés y el inglés.	
9. En Australia se habla...	i. ... el griego y el turco.	
10. En Rusia se habla...		

2 Descubre las nacionalidades.
Lee, relaciona los textos con las fotos y complétalos con las nacionalidades que faltan.

a Ellos son los actores de las películas de *Harry Potter*. Son _____.

b Frida Kahlo es una pintora _____ conocida en todo el mundo.

c Los mejores tenistas de la historia: Rafa Nadal es _____, Roger Federer es _____ y Novak Djokovic es _____.

3 Descubre los adjetivos de nacionalidad.

	Masculino singular	Femenino singular	Masculino plural	Femenino plural	=
🇮🇹 Italia	italiano	italian__	italian__	italianas	chino, ruso, boliviano, argentino...
🇯🇵 Japón	japon__	japonesa	japoneses	japones__	francés, portugués, inglés, alemán, español...
🇨🇦 Canadá	canadiense	canadiens__	canadiens__	canadienses	estadounidense, nicaragüense...
🇲🇦 Marruecos	marroqu__	marroquí	marroqu__	marroquíes	iraquí, iraní, paquistaní...

TEMA 1

4 Aprende el verbo *ser*. Lee los tres textos anteriores y completa la explicación con las formas que faltan y con ejemplos. Luego, completa las frases con el verbo *ser* y la nacionalidad, escucha y comprueba.

Verbo *ser*		
	Forma	Usos
Yo		1. Nombre
Tú	eres	
Él, ella, usted		2. Nacionalidad
Nosotros/as	somos	
Vosotros/as	sois	3. Profesión
Ellos/as, ustedes		

La *pizza*...

Las matrioskas...

Leo Messi...

Nosotras...

El béisbol...

El *sushi*...

Los canguros...

Las tapas...

5 ¿Qué países o nacionalidades quieres o necesitas aprender?
Completa las nacionalidades de las personas que te proponemos y añade dos más.

Mi pareja

Mi amigo/a

Mi actor/actriz preferido/a...

Mi deportista favorito...

Mis abuelos...

Mi cantante preferido...

Mi artista favorito...

La persona que más admiro

Repasa lo aprendido en clase.

Después de la clase

Antes de la clase

Escanea el QR y prepárate.

Lección 3
Mi vida en números

1 Utilizamos los números para hablar de la vida. ¿A qué dato corresponde cada número? Relaciona y luego completa con tus datos.

Los números

2001	0732 HRY	28017	18	1,72
Edad	Altura	Matrícula del coche	Código postal	Año de nacimiento

2 Ahora que sabes los números, pon en orden y aprende los meses del año.

1	
2	
3	
4	
5	
6	

7	
8	
9	
10	
11	
12	

Febrero	Enero
Abril	Julio
Agosto	Noviembre
Junio	Marzo
Diciembre	Octubre
Septiembre	Mayo

3 ¿Qué edad tienen estos famosos?
Escucha y señala la fecha correcta del cumpleaños de estas personas.
Luego, relaciona el año de nacimiento y di qué edad tienen.

Shakira
a. 2 de enero
b. 2 de febrero

Rafa Nadal
a. 3 de junio
b. 3 de julio

Sofía Vergara
a. 10 de junio
b. 10 de julio

Felipe VI
a. 13 de enero
b. 30 de enero

Pedro Almodóvar
a. 25 de septiembre
b. 25 de noviembre

Fecha de nacimiento: enero de 1968

Fecha de nacimiento: septiembre de 1949

Fecha de nacimiento: junio de 1986

Fecha de nacimiento: febrero de 1977

Fecha de nacimiento: julio de 1972

4 Habla de ti: tu vida en datos.
Responde a las preguntas.

1. ¿Cuándo es tu cumpleaños? Después, pregúntale a tu profe.
2. ¿Cuántos años tienes? ¿Cuál es tu fecha de nacimiento? Pregúntale a tu profe.

5 Responde a las preguntas.
Relaciona las preguntas con las imágenes. Luego, responde.

a. ¿Cuál es tu fecha de nacimiento?
b. ¿Cuándo es tu cumpleaños?
c. ¿Cuál es la matrícula de tu coche o de tu moto?
d. ¿Cuánto mides?
e. ¿Cuál es tu número de teléfono?

6 Relaciona cada pregunta con su respuesta.
Luego, marca los interrogativos.

1. ¿Cuál es tu número de teléfono?
2. ¿Qué número lleva Messi?
3. ¿Cuál es tu número de pasaporte?
4. ¿Qué número de zapato usas?
5. ¿Cuál es el código postal de tu calle?
6. ¿Cuál es la matrícula de tu coche?

a. Es el 849378731.
b. Es muy fácil: 0011 NBA.
c. Uso el 42.
d. Mi número es el 743 894 938.
e. Lleva el 10.
f. Es el 28004.

7 Completa tu ficha y preséntate.
Luego, pregunta a tu profe y completa la suya.

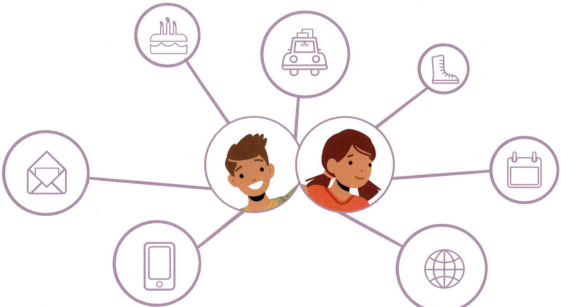

Repasa lo aprendido en clase.

Después de la clase

Antes de la clase

Escanea el QR y prepárate.

Lección 4
Mi red social

1 ¿Qué uso de las redes sociales haces? Responde a estas preguntas.

1. ¿Usas redes sociales?
   ☐ Sí ☐ No
2. ¿Cuántas redes sociales usas?
   ☐ Una ☐ Dos ☐ Más
3. ¿Cuál es tu red social favorita?
   ☐ Facebook ☐ Instagram ☐ Otra. ¿Cuál? _____
4. ¿Qué publicas en las redes?
   ☐ Fotos ☐ Vídeos ☐ Otro. ¿Qué? _____

2 Lee los siguientes diálogos y observa las palabras en negrita. Elige, de las dos fotos, la correcta.

1
- Marta ¿cuál es tu red social **favorita**?
- ¡Facebook!
- Uff, yo no la uso, es muy **aburrida**.
- A mí me parece **divertida**.

Para Marta, Facebook es...

2
- Rubén, el teléfono es **peligroso**.
- ¿Por qué?
- Porque pasas muchas horas con él, no es normal.
- Las redes sociales también son **peligrosas**, Ana, y tú pasas muchas horas con ellas.

Para Ana, el teléfono es...

3
- Me encanta Twitter, es muy **interesante**.
- Los libros son **interesantes**, Lara.
- A mí las redes sociales también me parecen **interesantes**.
- Yo creo que las redes sociales son **aburridas**.

Para él, Twitter es...

4
- Alberto, no es muy **profesional** usar Facebook en el trabajo.
- Las redes sociales, Berta, son **profesionales**.
- ¿Mirar el Facebook de nuestros amigos es profesional?

Para él, usar Facebook en el trabajo es...

TEMA 1

3 Termina los ejemplos de la explicación gramatical con las palabras marcadas en los diálogos del ejercicio anterior. Luego, completa las cinco frases con uno de los adjetivos en la forma correcta.

GÉNERO Y NÚMERO DE LOS ADJETIVOS		
Los adjetivos que terminan en -o... *El teléfono es aburrido.*	**... cambian en femenino a -a** *La película es _____.*	**... y hacen el plural con -s** *Las redes sociales son _____.*
Los adjetivos que terminan en otra vocal... *Twitter es muy interesante.*	**... no cambian en femenino** *La nueva aplicación es _____.*	**... y hacen el plural con -s** *Las nuevas aplicaciones son _____.*
Los que terminan en consonante... *Alberto no es profesional.*	**... no cambian en femenino** *Ana no es _____.*	**... y hacen el plural con -es** *María y Manuel son _____.*

divertido • aburrido • fantástico • inteligente • ideal

1. Los vegetarianos no son personas _____, simplemente no comen ni carne ni pescado.
2. Me gusta mucho hablar con Alfredo, dice cosas muy _____.
3. María solo tiene cuatro años, pero es muy _____.
4. Marta es _____, siempre me ayuda en todo.
5. Las redes sociales son _____ para conocer gente.

4 Relaciona. Luego, escucha las preguntas que una persona hace para ayudar a su amigo a rellenar el formulario de alta en una red social y rellénalo en orden. ¿Qué dos preguntas faltan?

1. Nombre	I. ¿De dónde eres?	a. Tocar la guitarra
2. Apellido	II. ¿Qué idiomas hablas?	b. María
3. Estado civil	III. ¿Qué aficiones tienes?	c. Español y alemán
4. Nacionalidad	IV. ¿Cómo te llamas?	d. Española
5. Ideología	V. ¿Cuál es tu apellido?	e. Casada
6. Idiomas	VI. ¿Cuál es tu estado civil?	f. De izquierdas
7. Aficiones	VII. ¿De qué ideología eres?	g. González Álvarez

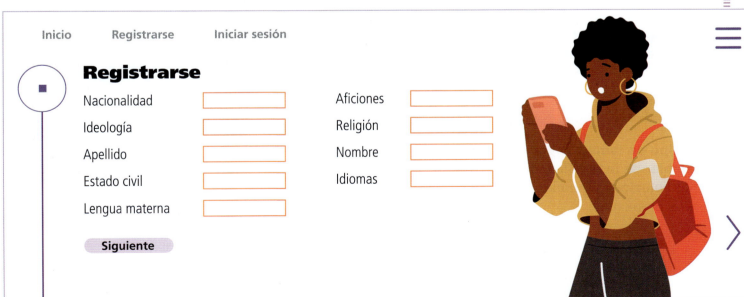

5 Pregunta a tu profesor o profesora. Rellena el formulario con sus datos.

Repasa lo aprendido en clase.

Después de la clase

TEMA 2 Cuestión de personalidad

Lección 1
Las profesiones y las habilidades
- Explicar la profesión (*ser* + profesión, *trabajar en* + lugar de trabajo)

Lección 2
El carácter es lo que haces, no lo que dices
- Describir el carácter (el género de los sustantivos y de los adjetivos por la terminación, los artículos determinados)

Lección 3
¿Es la cara el espejo del alma?
- Identificar personas y la descripción física (los demostrativos)

Lección 4
Un tipo de familia
- Hablar de la familia y de las relaciones familiares (los posesivos)

¿Cuál es tu trabajo ideal, según tu personalidad?
Las empresas eligen un candidato por su personalidad. Realiza este test.

📱 Las profesiones

7

Elige una de las dos opciones de cada columna y determina tu personalidad. Luego, lee las profesiones que corresponden a tu tipo de personalidad. ¿Estás de acuerdo con el resultado?

Tipos de personalidad:

E	A	C	P
Extravertido	Analítico	Cerebral	Planificador
I	N	V	F
Introvertido	Intuitivos	Visceral	Improvisador

- Los **E – A – C – P** son **decididos**: directores/as de empresas, jueces/zas
- Los **I – A – C – P** son **responsables**: informáticos/as, ingenieros/as, pilotos/as
- Los **E – A – V – P** son **empáticos**: dentistas, médicos/as
- Los **I – A – V – P** son **activos**: economistas, electricistas, obreros/as de la construcción
- Los **E – A – C – F** son **emprendedores**: empresarios/as
- Los **I – A – C – F** son **resolutivos**: cocineros/as
- Los **E – A – V – F** son **interactivos**: abogados/as, periodistas
- Los **I – A – V – F** son **independientes**: ganaderos/as
- Los **E – N – C – P** son **estrategas**: militares, publicistas
- Los **I – N – C – P** son **rápidos**: agricultores/as
- Los **E – N – V – P** son **prácticos**: masajistas
- Los **I – N – V – P** son **consejeros**: enfermeros/as, psicólogos/as
- Los **E – N – C – F** son **simpáticos**: actores/rices, profesores/as, vendedores/as
- Los **I – N – C – F** son **creadores**: diseñadores/as de moda, escritores/as, músicos/as
- Los **E – N – V – F** son **comunicativos**: camareros/as, recepcionistas, relaciones públicas
- Los **I – N – V – F** son **estéticos**: peluqueros/as, pintores/as

Antes de la clase

Escanea el QR y prepárate.

Lección 1
Las profesiones y las habilidades

1 Lee las adivinanzas, relaciona y di la profesión de cada persona.
Luego, completa las cinco descripciones con los verbos *ser* o *trabajar*.

1. Esperanza trabaja en la universidad y enseña matemáticas.
2. Antonio y Jimena trabajan en la televisión y hablan de economía.
3. Marcos y yo trabajamos en el Hospital Central y ayudamos a las madres.
4. Luisa trabaja en su coche, lleva a las personas adonde necesitan ir.
5. Jorge y Raúl trabajan en un restaurante.
6. Yo trabajo en casa con las tareas domésticas. También escribo novelas.

La *c* y la *qu* (1)

1. Sergio e Isabel _____ profesores y _____ en una escuela de idiomas.
2. David y Juan _____ en un restaurante muy famoso de Madrid: David _____ cocinero y Juan _____ camarero.
3. Sara _____ médica y _____ en el Hospital Central con Marta, su hermana, que _____ enfermera.
4. Yo _____ en un taller, _____ mecánico.
5. - ¿Dónde _____ vosotros?
   - Yo _____ fotógrafo y Ana _____ en una peluquería.

2 Crea tus adivinanzas.
Escribe dos adivinanzas como las de la actividad anterior para tu profesor o profesora.

Adivinanza 1

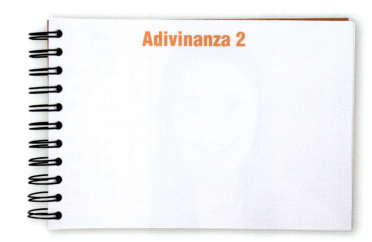
Adivinanza 2

TEMA 2

3 Habla de los lugares de trabajo.
Lee e identifica el lugar del que hablan.

 la comisaría
 el colegio
 el taller
 la peluquería
 el laboratorio
 la cocina
 la tienda
 la fábrica
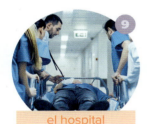 el hospital
 el juzgado

Hablar del trabajo

Ser + profesión
Arturo es profesor.

Trabajar en + lugar de trabajo
Arturo trabaja en la universidad.

1. Un abogado trabaja en un _____.
2. Mi hermano pequeño trabaja en una _____ de ropa.
3. Mis padres son profesores, dan clase en un _____.
4. Roberto es mecánico, repara coches en un _____.
5. Mi padre es peluquero y trabaja en una _____.
6. Mis hermanos trabajan en una _____ de coches.
7. Los médicos y enfermeros trabajan en un _____.
8. Los policías trabajan en la _____.
9. Mi madre trabaja en la _____ de un restaurante muy conocido.
10. Los científicos trabajan en un _____.

4 Haz una presentación personal.
Completa la tabla y, luego, pregunta a tu profe.

	Nombre	Profesión	Lugar de trabajo
Yo			
Mi pareja			
Mis padres			
Un famoso al que admiro			
Mi mejor amigo/a			

Repasa lo aprendido en clase.

Después de la clase

Antes de la clase

Escanea el QR y prepárate.

Lección 2
El carácter es lo que haces, no lo que dices

1 Tu personalidad.
Fíjate en la nube de palabras y señala los adjetivos que mejor te definen.

La sílaba fuerte

aburrido sociable
vago simpático divertido
GENEROSO bueno
serio tímido
trabajador

2 ¿Cómo son?
Escucha el audio y define a cada persona con uno de los adjetivos de la actividad anterior.
No olvides poner el verbo *ser* en la forma correcta. Luego, marca: ¿verdadero (V) o falso (F)?

Roberto...

Los padres de Ana...

La mejor amiga de Beatriz...

Los abuelos de Paula...

El profesor de baile...

	V	F
1. Roberto tiene varios trabajos.		
2. Los padres de Ana son tacaños.		
3. La amiga de Beatriz es muy divertida.		
4. Los abuelos de Ana son generosos.		
5. El profesor de baile es muy sociable.		

3 Observa las fotos y relaciónalas con las frases. Luego, forma el mayor número de frases posibles eligiendo un elemento de cada casilla.

a. El bombero es valiente.
b. La enfermera es amable.
c. Los profesores son simpáticos.
d. Las amas de casa son muy trabajadoras.

el la los las	médico(s) médica(s) estudiante(s) director(es) directora(s)	es son	simpático(s) simpática(s) amable(s) trabajador(es) trabajadora(s)

4 Señala las cualidades de carácter que crees que son más adecuadas para estos trabajos y amplía tu vocabulario. Justifica tu respuesta.

Médico/a | Bombero/a | Profesor/a | Taxista | Amo/a de casa

- Paciente
- Sociable
- Trabajador
- Generoso

- Divertido
- Serio
- Generoso
- Valiente

- Organizado
- Paciente
- Serio
- Sociable

- Sociable
- Divertido
- Tacaño
- Simpático

- Vago
- Organizado
- Tímido
- Generoso

5 Describe personas de tu entorno. Responde a estas preguntas.

Describe

1. ¿Cómo eres? ¿Puedes decir dos virtudes y dos defectos?
2. Describe el carácter de una persona de tu familia.
3. ¿Cómo es tu mejor amigo o amiga?
4. ¿Qué características son más importantes para ti? ¿Por qué?
5. Haz una pregunta a tu profesor o profesora.

Repasa lo aprendido en clase.

Después de la clase

Antes de la clase

Escanea el QR y prepárate.

Lección 3
¿Es la cara el espejo del alma?

1 Repasa el vocabulario visto antes de clase y relaciona las descripciones con las imágenes. ¿Los conoces?

a Es alto y gordo. Es moreno y lleva gafas y barba. Tiene los ojos azules. Es un director de cine muy importante.

b Es rubia y tiene el pelo largo. Tiene los ojos pequeños y marrones. Es baja. Es colombiana y es cantante.

c Es morena, tiene el pelo largo y liso. Tiene los ojos marrones y grandes. Es una actriz muy famosa.

d Es delgado. Es calvo y lleva barba. Tiene los ojos negros. Es un entrenador de fútbol muy prestigioso.

La tilde (1)

I. Pep Guardiola

II. Shakira

III. Guillermo del Toro

IV. Salma Hayek

2 Fíjate en las descripciones de la actividad anterior y completa. Luego, escribe en las descripciones el verbo y elige la opción adecuada según la foto.

Descripción física		
Ser	Tener	Llevar
_____ / bajo	el pelo _____ / corto	_____
delgado / _____	el pelo liso / rizado	_____
joven / mayor	los ojos _____ / pequeños	bigote
moreno / _____ / pelirrojo	los ojos negros / _____ / _____	

1. Isabel Allende _____ el pelo largo/corto. Es una escritora chilena.

2. Lionel Messi es un futbolista argentino. _____ barba/gafas y _____ castaño/rubio.

3. Selena Gómez es actriz. _____ rubia/morena y _____ los ojos verdes/negros.

4. Johnny Depp es un actor americano, _____ el pelo largo/corto y _____ bigote/calvo.

3 Identificamos a personas.
Observa la foto, escucha y señala el orden de los personajes que describe.

4 Mira el esquema que te presenta tu profe y completa la transcripción con los demostrativos adecuados. Luego, describe dos personajes más y tu profesor o profesora los identifica.

_____ son mis compañeros de trabajo. Son todos muy simpáticos, pero con algunos me llevo mejor.

_____ de la fila de atrás, el alto y rubio que lleva gafas es Rafa. Parece tímido, pero es muy divertido. A la derecha está el jefe. Es _____ de gafas y de barba blanca. Se llama Lucas.

_____ de la primera fila, la gordita de pelo castaño y muy rizado, es Sandra. Parece simpática, pero es muy seria en el trabajo. _____ de la segunda fila con barba negra, que lleva unas gafas azules y camiseta amarilla, es su marido. Se llama Juan.

5 Elige tres de las las cinco personas que te presentamos y habla de ellas.
Da la información que te pedimos.

| Un buen amigo o amiga | Un profesor que recuerdas | Un personaje de tu serie preferida | Tu deportista favorito | Una persona de tu familia que es importante para ti |

- Nombre
- Profesión
- Nacionalidad
- Edad
- Descripción física (pelo, ojos, boca...)

¿Puedes enseñar una foto de cada personaje a tu profesor o profesora?

Repasa lo aprendido en clase.

Después de la clase

Antes de la clase

Escanea el QR y prepárate.

Lección 4
Un tipo de familia

1 Observa este árbol genealógico de la familia de Julia y complétalo con las palabras del texto que has leído antes de clase. Luego, escucha y escribe el nombre del resto de los familiares.

Las palabras llanas

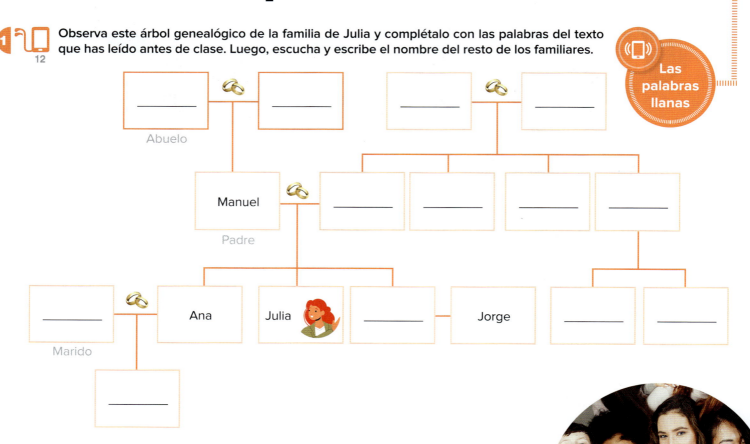

Abuelo · Manuel · Padre · Marido · Ana · Julia · Jorge

2 Usa los posesivos.
Escucha de nuevo y elige la opción correcta. Luego, completa la explicación.

1. *Nuestra* / *Vuestra* familia no es muy grande.
2. Los padres de mi padre, es decir, *mi* / *mis* abuelos paternos, Antonio y Sofía.
3. Yo soy *mi* / *su* nieta favorita.
4. *Mi* / *Tu* madre tiene tres hermanos.
5. *Sus* / *Nuestros* hijos son mis primos Lucas y Carolina.

Posesivos				
Masculino singular	Femenino singular	Masculino plural	Femenino plural	
			mis	
tu	tu	tus	tus	
su			sus	
nuestro		nuestros	nuestras	+ nombre
vuestro	vuestra	vuestros		
su	su		sus	

TEMA 2

3 Observa estas fotos de mujeres y familias famosas.
Completa con la relación familiar adecuada, investiga y responde.

a. Sofía es la _____ de la chica joven y ella es la _____ de Letizia. ¿Quiénes son?

b. Penélope Cruz y Mónica Cruz son _____ . Penélope está casada y su _____ es Javier Bardem. Javier y Penélope tienen un Óscar. ¿Qué hacen?

c. Melanie Griffith es la _____ de Dakota Johnson. Las dos son actrices. ¿Quién es el padre de Dakota?

4 Completa los cuadros amarillos con la forma adecuada del verbo *tener*, los cuadros verdes con los posesivos y los cuadros azules con las relaciones de parentesco.

_____ madre _____ dos hermanos, son _____ tíos: mi _____ Luis y _____ tía Susana. _____ Susana _____ dos hijos: el mayor es _____ José y la pequeña es _____ Lara.

5 Presenta a tu familia.
Dibuja tu árbol genealógico y descríbelo.

Repasa lo aprendido en clase.

Después de la clase

TEMA 3 Tu lugar en el mundo

Lección 1

La ciudad, espacio de vida
- Describir ciudades (*hay, ser, estar* y *tener*)

Lección 2

Mi hogar
- Hablar de la vivienda (los muebles)

Lección 3

Mi espacio más personal
- Hablar de la habitación preferida (locuciones de lugar)

Lección 4

La ciudad, un espacio para hacer cosas
- Indicar las actividades (*ir* con las preposiciones)

¿Cómo es tu ciudad o pueblo?
Relaciona dos informaciones con cada foto.

En una ciudad hay...

1. Actividades de ocio y tiempo libre
2. Calles pequeñas y edificios antiguos
3. Cines, teatros, tiendas, discotecas...
4. Coches, autobuses, mucho tráfico
5. Diversidad de personas
6. Edificios altos
7. Medios de comunicación
8. Espacios verdes
9. Historia
10. Negocios y muchos trabajos
11. Parques
12. Variedad de creencias, etnias y estilos de vida

¿A qué tipo de ciudad se parece tu ciudad? ¿Por qué?

Antes de la clase

Escanea el QR y prepárate.

Lección 1
La ciudad, espacio de vida

1 Adivina grandes ciudades del mundo.
Relaciona para formar seis frases e identifica las fotos. Luego, crea dos adivinanzas.

En esta ciudad hay...

1. una catedral muy grande:
2. un mercado muy turístico:
3. un monumento muy grande:
4. una parada de metro muy conocida:
5. un museo de pintura muy bueno:
6. un parque famoso:

a. Central Park.
b. el Cristo del Corcovado.
c. el mercado flotante.
d. el Prado.
e. Piccadilly Circus.
f. Notre Dame.

I. Es Bangkok.
II. Es Londres.
III. Es Madrid.
IV. Es Nueva York.
V. Es París.
VI. Es Río de Janeiro.

2 Sitúa las ciudades en el mundo.
Observa el mapa y completa.

1. Cádiz está en el _____ de España.
2. Madrid está en el _____ de España.
3. Portugal está al _____ de España.
4. Bilbao está en el _____ de España.
5. Valencia está en el _____ de España.
6. Murcia está al _____ de Valencia.
7. Barcelona está en el _____ de España.
8. Salamanca está al _____ de Portugal.

TEMA 3

3 Descubre ciudades del mundo.
Lee y di a qué ciudad se refiere. Luego, marca: ¿verdadero (V) o falso (F)?

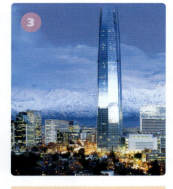

Madrid | **Ciudad de México** | **Santiago de Chile** | **Ciudad de Panamá**

1. **Es** una ciudad muy grande, la segunda más poblada de América Latina: **tiene** 22 millones de habitantes. Es muy antigua.

2. Esta montañosa capital **está** en un valle y muy cerca de las montañas de Los Andes. **Tiene** casi 7 millones de habitantes.

3. En esta moderna y cosmopolita ciudad costera **hay** un canal muy importante que conecta dos océanos. **Está** en Centroamérica.

4. Es una ciudad interior, **está** en el centro del país. Es muy divertida: **hay** museos muy importantes (el Prado, el Reina Sofía...), cines, teatros, bares...

 Las palabras agudas

	V	F
1. Ciudad de México es la segunda ciudad con más habitantes de América.		
2. En Madrid hay museos muy importantes.		
3. Ciudad de Panamá tiene playa.		
4. Santiago de Chile está cerca de una cordillera.		
5. Un canal cruza Panamá y conecta dos océanos.		

4 Describe ciudades.
Completa las ocho descripciones.

1. En Barcelona _____ muchos edificios de Gaudí.
2. Bogotá _____ más de 11 millones de habitantes.
3. Montevideo _____ la capital de Uruguay y _____ en la costa atlántica.
4. Machu Picchu _____ a 75 kilómetros de Cuzco.
5. El Museo del Prado _____ en el centro de Madrid.
6. En las ciudades de Andalucía _____ muchos monumentos árabes.
7. En Buenos Aires _____ 18 estadios de fútbol de equipos profesionales.
8. La Casa Azul-Museo Frida Kahlo _____ en Coyoacán, en Ciudad de México.

5 ¿Cómo es tu ciudad?
Define tu ciudad usando estas palabras y descríbela.

moderna • cosmopolita • de interior • grande • aburrida
de montaña • pequeña • antigua • luminosa • costera

1. Localización y distancia a otras ciudades importantes
2. Características principales
3. Número de habitantes
4. Lugares de interés turístico, comercial y de tiempo libre

Repasa lo aprendido en clase.

Después de la clase

Antes de la clase

Escanea el QR y prepárate.

Lección 2
Mi hogar

1 Relaciona y ordena de más pequeño a más grande. Luego, responde a las preguntas.

Barrio — Calle — Habitación — Ciudad — Casa

1. ¿Cómo se llama tu calle? ¿Y tu barrio?
2. ¿Qué servicios, comercios o lugares turísticos hay en tu barrio?
3. ¿Cómo es tu casa? ¿Cuántas habitaciones tiene?

2 Andrés nos describe dónde vive. Escucha y responde a las preguntas.

1. ¿Dónde vive Andrés?
2. ¿Cuántas habitaciones hay?
3. ¿Cuántos baños hay?
4. ¿Quién vive cerca de Andrés?
5. ¿Qué no tiene la casa de Pedro que sí tiene la de Andrés?

3 Adivina la palabra. Lee las pistas, observa las imágenes y escribe la palabra a la que hace referencia.

El comedor — El sofá — La cama — La cocina

El jardín — El cuarto de baño — La piscina — La escalera

1. En verano me gusta nadar en ella: _____
2. La utilizo para subir a la segunda planta: _____
3. La utilizo para dormir: _____
4. Está en el salón y lo uso para relajarme: _____
5. En él está el lavabo y la bañera: _____
6. Aquí preparo la cena y el desayuno: _____
7. En él están mi piscina y mis flores: _____
8. Aquí comemos y cenamos: _____

TEMA 3

4 Lee cuatro anuncios de una inmobiliaria.
Elige la palabra correcta para que los anuncios tengan sentido. ¿Con qué anuncio relacionas cada foto?
¿Por qué? Luego responde a las cinco preguntas.

Anuncio 1. Piso céntrico

Buscamos un piso en el centro con tres **habitaciones** / **cocinas** para comprar o alquilar durante un periodo largo. Si es posible, con dos **baños** / **monumentos** / **terrazas**.

Contacto: Raúl 6776545392

Anuncio 2. Piso de estudiantes

Alquilo habitación a chica en un piso de tres habitaciones y dos baños. Compartimos salón y **cocina** / **baño**. 350 euros al mes.

Contacto: pisochicas05@gmail.com

Anuncio 3. Plaza de aparcamiento

Vendo **plaza de aparcamiento** / **cocina** en el barrio. Acceso fácil en primera planta.
18 000 euros.

Contacto: Mónica 6534289036

Anuncio 4.

Necesitamos familias interesadas en alojar a refugiados. En nuestra ciudad recibimos 50 niños que necesitan una **casa** / **calle**.

Contacto: asociacionhogar@gmail.com

1. ¿Qué parte de la casa te gusta más?
2. ¿Es importante para ti tener plaza de aparcamiento?
3. ¿Tiene tu casa terraza? ¿Crees que es importante tenerla?
4. ¿En qué parte de la casa pasas más tiempo?
5. ¿Qué parte de tu casa no te gusta?

5 Elige tres de las cinco opciones que te planteamos.
Habla sobre ellas durante 2 o 3 minutos.

1. Tu piso, casa...
2. Tu habitación (dormitorio)
3. Tu parte favorita de la casa
4. Tu casa ideal
5. Tu barrio

PARA AYUDARTE
- Mi casa está/es...
- Vivo en un barrio que se llama...
- En la cocina/habitación está/hay...
- Mi habitación preferida es... porque...
- Mi parte favorita de la casa es... porque...

Repasa lo aprendido en clase.

Después de la clase

Antes de la clase

Escanea el QR y prepárate.

Lección 3
Mi espacio más personal

1. Repasa el vocabulario visto antes de clase. Tu profesor o profesora te hace preguntas. Respóndelas. Luego, haz tú las preguntas.

1. Tu profesor o profesora te pregunta y tú respondes.
2. Tú preguntas a tu profesor o profesora.

2. ¿Dónde están?
Observa y marca la opción correcta.

1. ¿Dónde está la mujer?
   - Está *debajo*/*encima* de la cama, haciendo ejercicios.
2. ¿Dónde está Marta?
   - Está *delante*/*detrás* de la mesa, estudiando.
3. ¿Dónde está Rubén?
   - Está *delante*/*detrás* de la silla, con un videojuego.
4. ¿Dónde está el muñeco de nieve?
   - Está *delante*/*detrás* de la casa.

3. Aprende las expresiones de lugar.
Observa las fotos y marca: ¿verdadero (V) o falso (F)? Corrige las falsas.

1. Las llaves están debajo de la mesa.
2. El libro está encima de la lámpara.
3. La mesa está a la izquierda del sillón.
4. Las gafas están debajo de los papeles.
5. La silla está delante de la mesa.
6. El café está a la derecha del libro.

4 Una decoración acorde a tu actividad.
Lee las claves para decorar tu casa con armonía y responde a cada una.

Blog
INICIO / FENG SHUI / CONTACTO   Buscar

TRES CLAVES PARA DECORAR TU CASA CON ARMONÍA 'FENG SHUI'

1. Elegir un color que se nos parezca

Los colores yang son el blanco, el amarillo, el naranja, el rojo o el rosa.
Los colores yin son el marrón, el gris, el verde, el azul o el negro.

¿De qué colores son las habitaciones de tu casa?
¿Siguen la filosofía *feng shui*?

Los espacios yin son lugares de tranquilidad: los baños y los dormitorios.

2. La luz

Las habitaciones donde trabajamos son las piezas yang, y necesitamos una luz del techo, directas, luz que viene de arriba. En los otros espacios, luz indirecta para relajarnos...

¿La iluminación de tu casa es adecuada según esta clave?
¿Hay que cambiar algo en la luz de tu casa?

Los espacios yang son lugares de vida activa: el comedor, el salón o la cocina.

3. Colocar correctamente los espejos

Los espejos son un accesorio asociado a la acción en general y a las piezas yang, donde transmiten la energía. No son recomendados en piezas yin, a excepción del cuarto de baño, donde los espejos son útiles para limitar los daños y la pérdida de buena energía.

¿Tienes los espejos en las habitaciones correctas?
¿Te sorprende algún punto de esta clave?

(Extraído y adaptado de https://www.elcorreo.com/alavadmoda/casas/cinco-claves-decorar-casa-feng-shui)

5 Realiza una presentación sobre tu habitación preferida.
Primero, elige una de las opciones; después, haz una presentación informando de los siguientes puntos.

Opción A
Tu habitación preferida

Opción B
Tu dormitorio

Opción C
Tu habitación ideal

La tilde (2)

- Localización y nombre
- Características principales
- Descripción de muebles
- Lugares de interés personal
- Decoración

Repasa lo aprendido en clase.

Después de la clase

Antes de la clase

Escanea el QR y prepárate.

Lección 4
La ciudad, un espacio para hacer cosas

1 Repasa los medios de transporte. Completa este crucigrama visual.

HORIZONTALES:

VERTICALES:

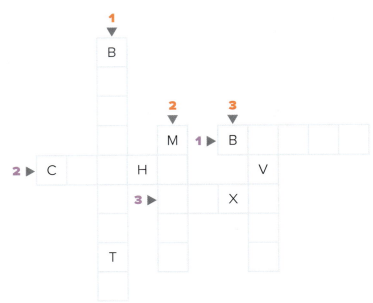

2 Formas de moverse por la ciudad.
Escucha y marca: ¿verdadero (V) o falso (F)?

	V	F
1. Marco estudia en la universidad.		
2. Su lugar de trabajo está lejos.		
3. Muchos trabajadores de la universidad van en metro a trabajar.		
4. La mujer de Marco va a trabajar en bici.		
5. Cuando llueve, su mujer va con Marco en metro.		

3 Aprende el verbo *ir*.
Lee la frase, marca las opciones correctas y completa el cuadro. Luego, añade ejemplos.

Luis va a la universidad en metro con su hermana Marta.

- Ir a + persona / medio de transporte / destino
- Ir en + persona / medio de transporte / destino
- Ir con + persona / medio de transporte / destino

Verbo *ir*	
Yo voy	*ir a* + lugar
Tú vas	Ejemplo: _____
Él, ella, usted _____	
Nosotros/as vamos	*ir en* + medio de transporte
	Ejemplo: _____
Vosotros/as vais	*ir con* + persona
Ellos/as, ustedes _____	Ejemplo: _____

TEMA 3

4 Un estilo de vida. ¿Se parece a tu estilo de vida?
Lee el texto y responde a las preguntas.

Me llamo Rebeca y vivo en el norte de España. Voy a trabajar en coche con mi compañera, pero normalmente voy en bici a todos los sitios. Mis hijos van al cole en autobús. Mi marido, Roberto, trabaja en un hospital con mi hermano y siempre van juntos a trabajar en la moto de mi hermano. El hospital está en el centro de la ciudad.

1. ¿Cómo va Rebeca a trabajar?
2. ¿Con quién va a trabajar?
3. ¿Cómo van al cole sus hijos?
4. ¿Dónde trabaja su marido?
5. ¿Con quién va a trabajar Roberto?
6. ¿Cómo va a trabajar Roberto?

5 Elige una opción y presenta a la persona (siguiendo el mapa).
Luego, explica sus costumbres usando elementos de las tres columnas.

Opción A	Opción B	Opción C	Opción D	Opción E
Mi mejor amigo o amiga	Mi pareja	Mi hijo o hija	Un compañero o compañera	Tu profesor o profesora

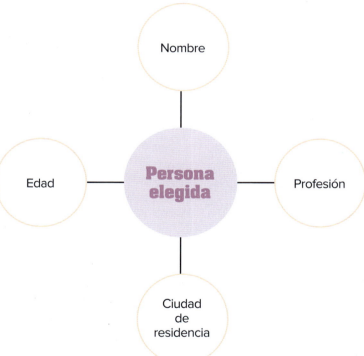

Voy en...	Voy a...	Voy con...
coche	el trabajo	mi marido/ mujer
metro	la universidad	mi novio/a
autobús	el colegio de mis hijos	mis amigos/as
moto	el restaurante	mis hijos/as
bici	el cine	mis compañeros de trabajo

PARA AYUDARTE
- A + EL = AL
- DE + EL = DEL

Repasa lo aprendido en clase.

Después de la clase

TEMA 4 Tiempo al tiempo

Lección 1

¿Tienes hora?
- Preguntar y decir la hora y los horarios (preposiciones con valor temporal)

Lección 2

Cuestión de rutina
- Describir las acciones habituales (verbos reflexivos)

Lección 3

Aprovechando el tiempo
- Hablar del tiempo libre y de la frecuencia (expresiones adverbiales de frecuencia)

Lección 4

Cada cosa tiene su momento
- Describir el clima y hablar de la ropa (*hace* y los verbos impersonales)

¿Planificar o improvisar?
Planificar es hacer un plan o un proyecto, organizarse. Improvisar es hacer algo sin pensarlo, sin preparación.

Observa estos pares de fotos
¿A qué actitud corresponde cada una? ¿Por qué?

Describe cada actitud. Para ayudarte, puedes utilizar estos adjetivos:

aburrido/a • creativo/a • desordenado/a
divertido/a • formal • impuntual • informal
organizado/a • puntual • reflexivo/a

Antes de la clase

Escanea el QR y prepárate.

Lección 1
¿Tienes hora?

1 Las horas en el mundo.
Fíjate en el mapa y responde.

En España, en las islas Canarias es una hora menos que en la península. Por ejemplo, cuando en Madrid son las 12:00, en Tenerife son las 11:00. ¿Hay diferencia horaria dentro de tu país?

1. Cuando en Madrid son las 12:00, en Londres _____.
2. Cuando en Londres son las 18:30, en Buenos Aires _____.
3. Cuando en Buenos Aires son las 21:45, en Lima _____.
4. Cuando en Lima son las 13:00, en Tokio _____.
5. Cuando en Tokio son las 7:15, en París _____.

a ¿Qué hora es en tu país?

b ¿Qué hora es en España: en la península y en las islas Canarias?

2 ¿Con qué hora relacionas cada actividad?
Luego, lee las conversaciones y comprueba si coincides con los horarios habituales en España.

- 9:00
- 17:30
- 18:00
- 18:40
- 21:00
- 21:30
- 23:30

○ Cenar
○ Merendar
○ Empezar las clases
○ Terminar de trabajar
○ Ir a la cama
○ Empezar una película en el cine
○ Poner un partido de fútbol en la tele

TEMA 4 — 41

3 Completa con tus horas o las actividades.
Explica tu rutina.

Horario y actividades

	10:00		15:00	
Ducharse		Estudiar español		Leer
	17:00		21:00	
Ver la televisión		Ir al gimnasio		Acostarse

4 🎧 ¿Cuáles son los horarios comerciales? Escucha y relaciona los horarios con las tiendas.
Luego, explica las diferencias de los horarios de España y tu país.
18

- 10:00-13:30 / 17:00-20:30
- 9:30-21:00
- 10:00-22:00
- 9:30-20:00
- 08:30-14:30
- 09:00-13:30 / 17:00-20:00

- Peluquería
- Tienda de ropa
- Museo
- Centro comercial
- Banco
- Supermercado

Horarios

De + *día* / A + *día*	De + *hora* / A + *hora* Desde las + *hora* / Hasta las + *hora*
De lunes a viernes	De 9:00 a 14:00 Desde las 9:00 hasta las 14:00

5 ¿Las personas de tu país son puntuales o impuntuales en general?
Señala con una X en el esquema y explícalo. Haz una presentación y responde a todas las preguntas.

MUY PUNTUAL ⟶ **NADA PUNTUAL**

1. ¿Qué es 'ser puntual' en tu país?
2. ¿En qué situaciones siempre eres puntual? ¿Por qué?
3. ¿Hay alguna situación en la que eres impuntual? ¿Por qué?
4. En muchas culturas se habla de los 10 minutos de cortesía. ¿Se usa en tu país? ¿En qué situaciones?

Repasa lo aprendido en clase.

Después de la clase

Antes de la clase

Escanea el QR y prepárate.

Lección 2
Cuestión de rutina

1 ¿Cuándo haces las actividades que has aprendido antes de clase?
¿Qué otras actividades forman parte de tu rutina? Aquí tienes algunas pistas.

LAS ACTIVIDADES DE TODOS LOS DÍAS

| Por las mañanas | Por las tardes | Por las noches |

2 Unas personas nos presentan algunas rutinas diarias. Escúchalas. ¿Cuáles compartes?
Luego, marca: ¿verdadero (V) o falso (F)?

	V	F
1. Yo me levanto muy temprano los fines de semana.		
2. Mi marido se ducha antes de ir al trabajo.		
3. Mis hijas se maquillan para ir a trabajar.		
4. Mi hermano y yo nos relajamos cuando nos bañamos.		
5. Mi abuelo se afeita todos los días.		
6. Yo me ducho cuando me levanto por las mañanas.		

3 Los verbos reflexivos.
Relaciona y forma frases.

1. Sara y yo   se   acuesto   dos veces al día.
2. Yo   te   lavamos   antes que yo.
3. Mi hermano   me   levantas   muy tarde.
4. Tú   nos   ducha   las manos antes de comer.

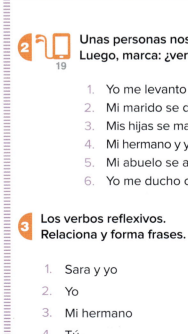

TEMA 4 — 43

4 Aprende los verbos reflexivos. Resuelve el crucigrama y completa la forma del verbo *levantarse*. Después, elige otro verbo reflexivo y escribe las formas.

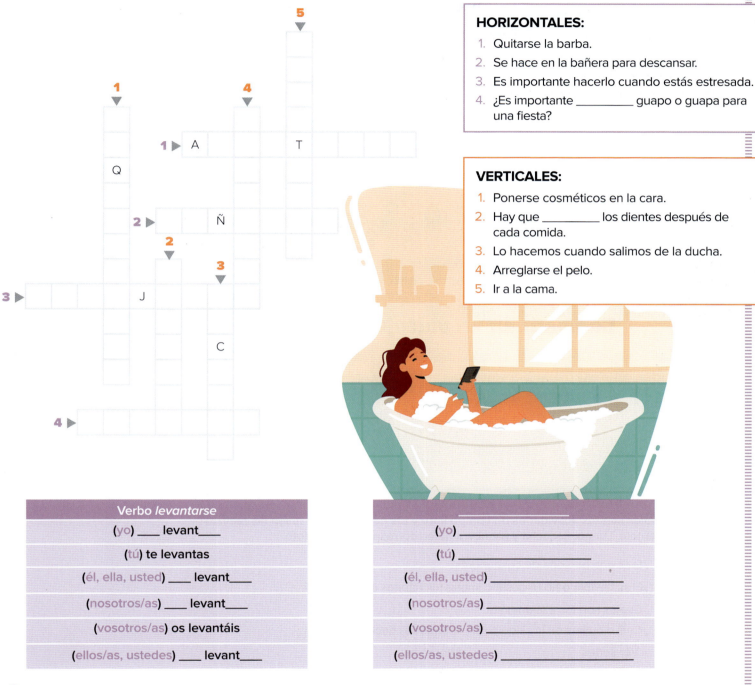

HORIZONTALES:
1. Quitarse la barba.
2. Se hace en la bañera para descansar.
3. Es importante hacerlo cuando estás estresada.
4. ¿Es importante _____ guapo o guapa para una fiesta?

VERTICALES:
1. Ponerse cosméticos en la cara.
2. Hay que _____ los dientes después de cada comida.
3. Lo hacemos cuando salimos de la ducha.
4. Arreglarse el pelo.
5. Ir a la cama.

Verbo *levantarse*
(yo) ___ levant___
(tú) te levantas
(él, ella, usted) ___ levant___
(nosotros/as) ___ levant___
(vosotros/as) os levantáis
(ellos/as, ustedes) ___ levant___

_____
(yo) _____
(tú) _____
(él, ella, usted) _____
(nosotros/as) _____
(vosotros/as) _____
(ellos/as, ustedes) _____

5 Cuenta tus rutinas. Responde a las preguntas.

1. ¿Qué es lo primero que haces antes de levantarte?
2. ¿Qué haces después de desayunar?
3. ¿Qué haces antes de irte a la cama?
4. ¿Te acuestas tarde? ¿A qué hora?
5. ¿Cuántas horas duermes?
6. ¿Cambias tu rutina los fines de semana?
7. Haz una pregunta a tu profesor o profesora.

Repasa lo aprendido en clase.

Después de la clase

Antes de la clase

Escanea el QR y prepárate.

Lección 3
Aprovechando el tiempo

1 ¿Actividades de tiempo libre de desarrollo personal o sociales? Observa las actividades y clasifícalas. ¿Qué actividades realizas tú?

Leer un buen libro
Aprender algo
Chatear con amigos
IR AL CINE A VER UNA PELÍCULA
Hablar por teléfono
Bailar en una discoteca
Tocar un instrumento o cantar en un grupo
Hacer meditación o yoga
Participar en una tertulia
Escuchar música
Comer o cenar en un restaurante
Hacer deporte
Viajar a otro lugar
Competir en un videojuego
SALIR A TOMAR ALGO A UN BAR

¿Actividades de desarrollo personal?

¿Actividades sociales?

2 ¿Cuáles son tus actividades de tiempo libre y tus hábitos? ¿Con quién las realizas? Cuéntalo. Luego, escucha y escribe a quién corresponde cada foto.

1. ¿Eres una persona de costumbres?
2. ¿Eres flexible o no te gusta cambiar tus hábitos o tus planes?
3. ¿Cuáles son tus aficiones?
4. ¿Cuál o cuáles de las siguientes actividades haces?

- Ver series   Ahora veo: _____
- Hacer una colección   Colecciono: _____
- Hacer deporte   Practico: _____
- Jugar a videojuegos Ahora juego a: _____

TEMA 4

3 Las rutinas familiares.
Lee el texto y marca: ¿verdadero (V) o falso (F)?

Las rutinas de mi familia

Me llamo Alicia y tengo 46 años.
De lunes a jueves teletrabajo y solo los viernes voy a la oficina. Mi marido es diseñador de páginas web y trabaja en una multinacional. De lunes a jueves va a trabajar en coche, pero los viernes va con su amigo Andrés en metro.

Tenemos una hija de ocho años, Vega. Le encanta patinar, pero solo lo hace dos días por semana. También le gusta mucho esquiar, pero solo vamos una vez al año. Vega es muy trabajadora y estudia todos los días.

Se me olvidaba lo más importante: todos los domingos vamos al cine los tres juntos.

	V	F
1. Alicia teletrabaja casi todos los días.		
2. Su marido casi nunca va en coche a trabajar.		
3. Vega patina a veces.		
4. La familia de Alicia casi siempre va a esquiar.		
5. Vega no estudia nunca.		
6. Muchas veces van al cine.		

4 Relaciona y completa las palabras.
Para ayudarte, lee las pistas.

1. ir al...	a. _AD_ _
2. escuchar la...	b. I_T_RNE_
3. buscar en...	c. P_ _ÍC_L_ S
4. ver...	d. L_B_ _ S
5. leer unos...	e. T_A_RO

Pistas:
a. En ella escucho las noticias.
b. Lo uso para buscar información.
c. Me encantan las de terror.
d. En la biblioteca hay muchos.
e. En él se representan obras dramáticas.

5 ¿Qué haces en tu tiempo libre?
Haz una presentación personal y responde a las preguntas.

1. ¿Qué actividades haces en tu tiempo libre? ¿Con qué frecuencia las realizas?
2. ¿Qué actividad de tiempo libre nunca has realizado?
3. ¿Con qué frecuencia escuchas música? ¿Qué estilo de música te gusta?
4. ¿Con qué frecuencia vas al cine? ¿Y al teatro?
5. ¿Con qué frecuencia viajas? ¿Dónde vas normalmente?

La tilde (3)

Repasa lo aprendido en clase.

Después de la clase

Antes de la clase

Escanea el QR y prepárate.

Lección 4
Cada cosa tiene su momento

1 Revisa el vocabulario de antes de clase. Responde a estas preguntas.

1. ¿Qué ropa llevas en invierno?
2. ¿Qué llevas cuando vas a la playa?
3. Si vas a una celebración muy importante, ¿qué ropa llevas?
4. ¿De qué estación del año te gusta más la ropa?
5. ¿De qué estación te gusta menos la ropa?

2 Clasifica las prendas de ropa que has aprendido antes de clase.

Según las personas			Según el tiempo	
Ropa de mujer	Ropa de hombre	Ropa unisex	Ropa para el frío	Ropa para el calor

3 Encuentra en cada serie el intruso. Justifica tu respuesta.

17

1.	sandalias	bikini	bañador	camiseta	abrigo
2.	abrigo	camiseta	bufanda	jersey	botas
3.	botas	sandalias	chanclas	zapatos	falda

4 Describe las fotos. ¿Qué tiempo hace?

a

b

c

d

e

f

5 Fíjate en el mapa y di cuál de las tres descripciones es la correcta.
Luego, busca en Internet y explica el tiempo que hace hoy en tu ciudad y cuéntaselo a tu profe.

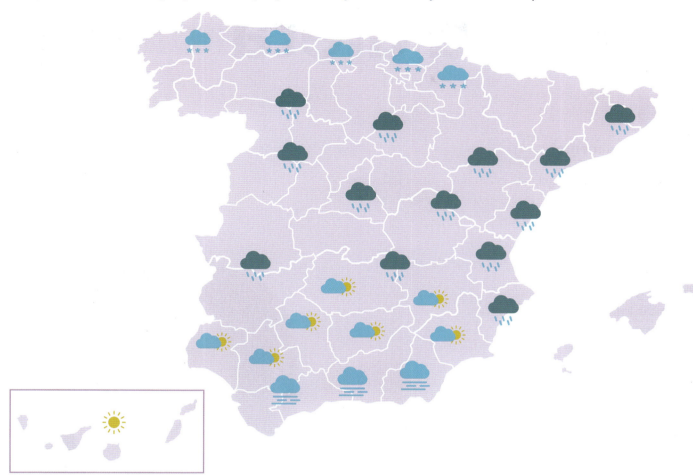

a. Hoy tenemos un buen día en toda España. En el norte, llueve un poco, pero solo por la mañana. En el centro, el sur y la costa este, hace mucho calor y no hace viento.

b. En el norte de España, llueve mucho hoy. En las montañas, nieva. En el centro, no llueve, pero hace mucho viento. En el sur y en la costa este, hace sol. En las islas, están las temperaturas más altas.

c. Hoy hace mucho frío en toda España. En el norte, nieva. En el centro y en la costa este, llueve. En el sur, no llueve, pero la temperatura máxima es de 11 grados. En Canarias, hace sol y calor.

6 Haz una presetnación personal.
Elige tres de las cinco opciones y habla sobre ellas 2 o 3 minutos.

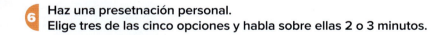

| Tu estación del año favorita. ¿Por qué? | ¿Ropa formal o ropa informal? | El clima en tu ciudad | ¿Qué ropa te gusta llevar en invierno? ¿Y en verano? | Las estaciones del año |

PARA AYUDARTE

Mi estación del año preferida es...
La estación del año que prefiero es...
En mi ciudad llueve/hace frío/hace sol...
Mi color favorito es...
Me gusta el verano porque...

Repasa lo aprendido en clase.

Después de la clase

TEMA 5: Tus gustos, tu dieta

Lección 1
¿Cuándo me alimento?
- Hablar de los gustos y la dieta (alimentos y horarios)

Lección 2
¿Qué me gusta?
- Describir los gustos y preferencias (el verbo *gustar*)

Lección 3
Compartimos la comida
- Explicar los sabores y comprar alimentos (pesos y medidas)

Lección 4
Mis alergias e intolerancias
- Indicar intolerancias o prohibiciones en la alimentación (el verbo *poder* y otros verbos irregulares de uso frecuente)

¿Cuál es tu dieta? ¿Por qué?
Lee las descripciones y relaciona cada una con una foto. Justifica tus respuestas.

Mi dieta es...

ALIMENTACIÓN VEGETARIANA
Comen productos de origen vegetal y huevos, pescado, leche y queso. Hay personas que no comen ningún producto de origen animal (como huevos, lácteos o la miel de las abejas), son veganos.

ALIMENTACIÓN ECOLÓGICA O BIO
Comen productos orgánicos frescos, sin tóxicos. No consumen alimentos industrializados y comen alimentos 'no tradicionales', como el tofu, el miso o las algas.

ALIMENTACIÓN FITNESS
Comen cinco veces al día y hacen mucho deporte. Consumen proteínas de origen animal y grasas favorables, como las del aceite de oliva, los frutos secos y el aguacate.

ALIMENTACIÓN MACROBIÓTICA
Comen el 50% cereales, el 25% hortalizas y el 15% legumbres. Además, los alimentos se cocinan con aceite vegetal o agua. No cocinan con especias e ingredientes químicos. No comen patatas, berenjenas ni tomates.

ALIMENTACIÓN CRUDÍVORA
Solo comen alimentos sin cocinar: frutas y verduras, frutos secos, cereales germinados, legumbres y semillas. Aunque los alimentos no se cocinan, sí que se pueden deshidratar, triturar, rallar...

ALIMENTACIÓN MEDITERRÁNEA
Es una opción saludable, por la variedad y consumo de productos de origen vegetal, por las vitaminas de la fruta y el aceite de oliva virgen, y por los cereales: pan, pasta, papas y arroz.

Antes de la clase

Escanea el QR y prepárate.

Lección 1
¿Cuándo me alimento?

1 ¿Cuáles son los alimentos que comes y cuáles no?
Responde a las preguntas.

1. De los alimentos que has aprendido antes de clase, ¿cuáles son tus tres preferidos?
2. ¿Hay algún alimento que no comes nunca? ¿Cuál?
3. ¿Por qué?
   - Porque no me gusta.
   - Porque soy vegetariano / vegano / crudívoro / _____
   - Por motivos religiosos.
   - Porque soy alérgico / intolerante.

La *c* y la *qu* (2)

2 Observa y marca los alimentos que llevan cerdo (C), huevo (H), harina de trigo (T) o leche (L). En algunos casos llevar varios. ¿Cuáles no puedes comer? ¿Por qué?

○ C ○ H ○ T ○ L

○ C ○ H ○ T ○ L

○ C ○ H ○ T ○ L

○ C ○ H ○ T ○ L

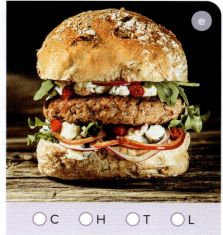

○ C ○ H ○ T ○ L

○ C ○ H ○ T ○ L

TEMA 5 — 51

3 Ordena las comidas en el esquema.
Después, clasifica el vocabulario anterior en cada comida según tus hábitos.

18

cena	desayuno	merienda	comida

4 Escucha a estas dos personas que hablan de las diferencias en los horarios de las comidas.
Anota los horarios donde corresponde.

23

	España	México
1. Hora del desayuno.		
2. Hora de la comida o almuerzo.		
3. Hora de la merienda.		
4. Hora de la cena.		

5 Relaciona los alimentos con los platos.
Luego, di en qué comida del día es más habitual comer cada uno, según tu opinión.

1. Pan, jamón y queso
2. Manzana, mermelada, azúcar y huevos
3. Lechuga, tomate, cebolla, aceitunas…
4. Arroz, verduras, pollo, marisco…
5. Patatas y huevo, con y sin cebolla
6. Patata, mayonesa, atún y zanahoria

a. Ensalada
b. Paella
c. Ensaladilla rusa
d. Sándwich mixto
e. Tarta de manzana
f. Tortilla española

6 Explica el horario de comidas de tu país y lo que se come en cada una de las comidas.
Puedes informar brevemente sobre los ingredientes que lleva alguna comida típica.

Repasa lo aprendido en clase.

Después de la clase

Antes de la clase

Escanea el QR y prepárate.

Lección 2
¿Qué comida me gusta?

1 Recuerda la actividad 2 de antes de clase. Justifica tu respuesta. Puedes ayudarte del vocabulario que te proporcionamos.

	Sí	No	Porque...
1. Me gusta mucho la comida española.			
2. Me gusta la comida americana.			
3. Me gusta la comida francesa.			
4. Me gusta la comida italiana.			
5. Me gusta la comida china.			
6. Me gusta la comida mexicana.			

Comida variada	Comida sana	Comida grasienta	Comida picante

2 El verbo *gustar*. Lee las frases y completa la tabla.
Luego, completa las seis frases con los pronombres adecuados y elige la opción correcta.

1. A Marta le gustan mucho las verduras.
2. A mí me gusta la comida americana.
3. A mis hijos les gustan las *pizzas*.
4. ¿A ti te gusta la comida española?
5. A nosotros nos gustan los rollitos de primavera.
6. ¿A vosotros os gustan los perritos calientes?

Gustar				
A mí	me			
A ti			gusta	
A él, ella, usted				la comida variada.
A nosotros/as		+		
A vosotros /as	os			los perritos calientes.
A ellos/as, ustedes				las *pizzas*.

1. A mí ____ *gusta/gustan* mucho la tortilla de patatas.
2. ¿A vosotros _____ *gusta/gustan* la paella?
3. A mi marido y a mí no _____ *gusta/gustan* los fideos.
4. Pedro, ¿_____ *gusta/gustan* la comida francesa?
5. A mi hermano _____ *gusta/gustan* el pescado, pero no _____ *gusta/gustan* la carne.
6. A mis amigos _____ *gusta/gustan* las *pizzas* y los perritos calientes.

3 Expresar acuerdo y desacuerdo.
Observa la tabla y los emoticonos, y completa.

1. A mí me gusta el café. ¿Y a ti?
    _____

2. A mí no me gusta la comida basura. ¿Y a ti?
    _____

3. A mí me gustan las crepes. ¿Y a ti?
    _____

4. A mí no me gustan los fideos.
    _____

4 Haz una presentación personal.
Elige tres de las cinco opciones y habla sobre ellas.

- ¿Cuál es tu comida favorita?
- ¿Te gusta cocinar?
- ¿Qué tipo de cocina prefieres?
- ¿Comer en casa o fuera?
- ¿Te gusta la comida basura?

PARA AYUDARTE
Mi plato favorito es...
No me gusta la comida basura porque...
Prefiero la carne porque...
Me gusta comer en casa porque...

Repasa lo aprendido en clase.

Antes de la clase

Escanea el QR y prepárate.

Lección 3
Compartimos la comida

1. Habla sobre los sabores que te gustan. Responde a las preguntas que se plantean.

   1. ¿Qué sabor te gusta más?
   2. ¿Qué sabor te gusta menos?
   3. ¿Prefieres salado o dulce?
   4. ¿Qué alimento salado te gusta más?
   5. ¿Qué alimento salado te gusta menos?
   6. ¿Te gusta el sabor ácido?

La *ch*

2. Todo un mundo de sabores: ¿cuál prefieres?
   Escribe debajo de cada imagen uno de estos sabores: dulce, salado, ácido, amargo y picante.

3 Muchos de los momentos que vivimos tienen sabores especiales. Forma frases siguiendo el ejemplo. Luego, completa las frases con el verbo *gustar* y los pronombres en la forma correcta.

Ejemplo: *Mi infancia sabe dulce, como el helado de fresa, porque me gusta mucho el helado.*

Momento	sabe	como el/la...	porque...
Mi infancia	dulce salado agrio amargo		
Un momento triste			
Un momento alegre			
Mi cumpleaños			
Mi familia			

1. A mí ___ _____ la infancia porque sabe a golosina.
2. A mis padres ___ _____ la sopa en invierno.
3. ¿A ti ___ _____ el sabor amargo?
4. A mis abuelos no ___ _____ las *pizzas*.
5. A mi amigo Francesco ___ _____ mucho la pasta.
6. ¿A vosotros ___ _____ más lo dulce o lo salado?
7. A mi hermana y a mí ___ _____ mucho las salchichas.
8. A mi marido ___ _____ mucho el café con leche.

4 Escucha el audio y completa la tabla. Luego, describe las cinco fotos: ¿qué son?

1. tableta de...
2. barra de...
3. paquete de...
4. lata de...
5. bolsa de...
6. loncha de...

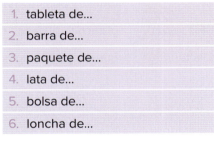

5 Explica los sabores que más te gustan y por qué. Puedes hablar de los gustos diferentes a cada edad.

PARA AYUDARTE

En la infancia el sabor que más gusta es...
En la adolescencia el sabor que más gusta es...
De mayores lo que más nos gusta es el sabor...
Mis sabores preferidos son... porque...

Repasa lo aprendido en clase.

Después de la clase

Antes de la clase

Escanea el QR y prepárate.

Lección 4
Mis alergias e intolerancias

1. En esta lección vamos a hablar de formas de cuidar nuestra dieta. Para empezar, habla del tema a partir de estas preguntas.

   1. ¿Te gusta cocinar?
   2. ¿Te gusta salir a comer o cenar en restaurantes?
   3. ¿Tienes alguna alergia o intolerancia alimentaria? ¿Tienes algún familiar o amigo con alergias o intolerancias de ese tipo?
   4. ¿Hay algún alimento que no te gusta?
   5. ¿Hay algún alimento que no comes por motivos de salud?

2. Cuestión de intolerancias.
   Tacha lo que no puede comer cada persona.

Soy...	No puedo tomar...
hipertenso	sal - azúcar - agua
celíaco	pollo - pan - pasta
alérgico al huevo	tortilla - salmón - pasta
vegano	tomate - pepino - huevo
alérgico a los frutos secos	pistacho - plátano - naranja
intolerante a los lácteos	queso - yogur - zumo

3. ¿Qué deben decir las personas de la actividad anterior para no tener problemas en un restaurante? Relaciona.

   hipertenso   celíaco   alérgico al huevo

   vegano   alérgico a los frutos secos   intolerante a los lácteos

   1. **Quiero** una hamburguesa completa, pero sin huevo.
   2. ¿**Hacen** *pizzas* con masa sin gluten?
   3. ¿Me puede poner el filete sin sal, por favor?
   4. ¿Podemos ver la carta? **Preferimos** ver los ingredientes de cada plato porque no tomamos nada de origen animal.
   5. ¿Tienen helados sin lactosa?
   6. Por favor, ¿me **pone** la ensalada de la casa sin nueces?

TEMA 5

4 Fíjate en las preguntas de la actividad anterior y completa en los verbos. Luego, escribe en las frases el verbo en la forma adecuada y di de cuál de los diálogos de la actividad 3 es continuación cada una.

	Verbos irregulares			
	Querer	Preferir	Poner	Hacer
Yo		prefiero	pongo	hago
Tú	quieres	prefieres	pones	haces
Él, ella, usted	quiere	prefiere		hace
Nosotros/as	queremos		ponemos	hacemos
Vosotros/as	queréis	preferís	ponéis	hacéis
Ellos/as, ustedes	quieren	prefieren	ponen	

1. Claro, señor. ¿No _____ (*poner, yo*) nada de sal o solo un poco?
2. Sí, tenemos varias opciones. ¿ _____ (*Preferir, usted*) con leche de soja o con leche de almendra? Tenemos de limón, fresa, chocolate, vainilla…
3. Muy bien. ¿ _____ (*Querer, vosotros*) ver nuestro menú vegetariano también?
4. Sí, por supuesto. No hay problema. Nosotros _____ (*hacer*) como usted _____ (*querer*).
5. De acuerdo. ¿ _____ (*Querer, tú*) kétchup, mayonesa u otra salsa?
6. Por supuesto. El chef _____ (*hacer*) masas con y sin gluten, sin problema.

5 Tu amigo Pablo está preparando una comida para celebrar su cumpleaños. Ayuda a organizar el menú según las características de los invitados. Simula la conversación con tu profesor o profesora.

Propuesta de menú

Aperitivos
- Jamón
- Queso
- Tortilla de patatas

Primer plato
- Lasaña de carne

Segundo plato
- Salmón con verduras

Postre
- Helado

Menú definitivo

Aperitivos
- _____
- _____
- _____

Primer plato
- _____

Segundo plato
- _____

Postre
- _____

PARA AYUDARTE

Ana no puede comer queso porque es intolerante a la lactosa.
Podemos preparar un wok de verduras en vez de lasaña porque…
Podemos cambiar el helado por fruta porque…

Ana	Sebastián	Lara	Manu
Ana es la novia de Pablo.	Sebastián es un amigo de la infancia de todos.	Lara es una compañera de trabajo y muy buena amiga de Pablo.	Manu es el hermano de Pablo.
Es intolerante a la lactosa.	Es alérgico al huevo.	Es vegetariana.	No le gusta el pescado.

Repasa lo aprendido en clase.

Después de la clase

TEMA 6 Para todos los públicos

Lección 1

¿Peli de terror o comedia?
- Describir películas por su temática o por su argumento (verbos irregulares en presente más frecuentes)

Lección 2

Una peli para cada momento
- Hablar de películas y de los sentimientos que provoca (verbos irregulares en presente, diptongación)

Lección 3

Mis actores preferidos
- Presentar a un actor y describirlo (otros verbos irregulares en presente)

Lección 4

¿Película o serie?
- Presentar la película o la serie favorita y expresar la opinión (repaso de los verbos irregulares en presente)

¿Prefieres el cine o las series en tu televisión?
Lee las opiniones de estos telespectadores y ordénalas dependiendo de si coinciden más o menos con tu opinión (1 más de acuerdo, 7 menos de acuerdo).

¿Qué prefieres ver?

○ **Sara**
La forma de ver la televisión es diferente. Ya no es importante a qué hora ponen un programa. Si quiero verlo, uso la televisión inteligente y lo veo cuando quiero.

○ **Jorge**
Para mí es muy importante poder ver series y películas en diferentes idiomas, con o sin subtítulos... porque es más auténtico.

○ **Patricia**
El problema de las plataformas es que ahora la gente no va al cine, prefiere estar en casa cómodamente. En el futuro, ¿pueden desaparecer los cines? Es una pena... porque ir al cine es una experiencia muy bonita.

○ **Adrián**
Es verdad que ahora hay muchas series de mucha calidad y que podemos ver películas nuevas en nuestra casa, pero es muy caro.

○ **Mónica**
Ahora hay muchas series, pero no todas son buenas. ¿Series de suspense? ¡Hay mil! ¿Series de chicos jóvenes guapos de un instituto? ¡Otras mil! Es difícil encontrar series realmente buenas.

○ **Raúl**
No me gusta que socialmente tienes que ver la serie de moda: si no conoces una serie, estás loco..., si no ves la última temporada inmediatamente, no puedes hablar con nadie... ¡Es horrible!

○ **Estefanía**
Gracias a las plataformas, podemos elegir mejor lo que queremos ver: por género, por director, por actores, por tema... Y eso es genial.

Antes de la clase

Escanea el QR y prepárate.

Lección 1
¿Peli de terror o comedia?

1 En esta lección vamos a hablar del cine. Describe los cuatro tipos de película. ¿Cómo son? Di tu opinión y responde a estas preguntas.

1. ¿Te gusta el cine?
2. ¿Cuál de estos géneros te gusta más?
3. ¿Prefieres ver películas en casa o en el cine?

2 Lee las siguientes opiniones.
Después, escribe quién dice cada una: María (M), Rebeca (R), Alberto (A), Joaquín (J) o ninguno (N).

María, 32 años
Me encantan las películas románticas en las que los protagonistas viven una historia de amor. Estas películas empiezan bien, pero en ellas siempre llega la tragedia. Lo bueno es que su final es feliz.

Rebeca, 40 años
Mi novio y yo nos dormimos con las películas románticas. Solo pido una cosa cuando voy al cine: reírme. Me encantan las comedias, pero a mi novio no le gustan tanto, prefiere las de ciencia ficción.

Alberto, 50 años
Mi género preferido es el terror. Me gusta cuando la peli empieza mal y acaba peor. En estas películas, el espectador experimenta emociones positivas y negativas al mismo tiempo. Es fantástico.

Joaquín, 35 años
Yo soy una persona muy tranquila, pero me encantan las pelis de acción. Es verdad que tienen mucha violencia, pero nunca me duermo con estas películas. Mis hijos me piden verlas, pero son muy pequeños todavía.

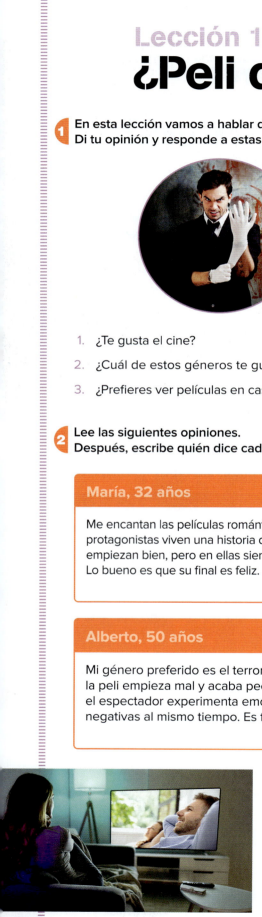

1. Le gustan las historias de amor.
2. Es una persona nerviosa.
3. Le gusta reírse cuando ve una película.
4. Le gustan las películas de miedo.
5. Le gustan los finales felices.
6. Cree que los niños no pueden ver películas de acción.

M	R	A	J	N

TEMA 6

3 Los verbos irregulares en presente (1). Vuelve a leer las opiniones y completa la tabla gramatical. Luego, escribe la forma adecuada del verbo en las fases.

	Verbos irregulares		
	empezar e > ie	dormir o > ue	pedir e > i
Yo	empiezo	_____	_____
Tú	empiezas	duermes	pides
Él, ella, usted	_____	_____	pide
Nosotros/as	empezamos	_____	pedimos
Vosotros/as	empezáis	dormís	pedís
Ellos/as, ustedes	_____	duermen	_____

1. ¿A qué hora _____ (volver) tus padres del cine?
2. Mi hermano y yo siempre nos _____ (dormir) en el cine.
3. Mi novio siempre me _____ (pedir) ver pelis de miedo.
4. ¿A qué hora _____ (empezar) la peli de terror esta noche?
5. No _____ (entender) por qué no le gustan las comedias, si son muy divertidas.
6. Hoy no _____ (volver, yo) hasta la noche.
7. La peli _____ (empezar) a las diez de la noche.

4 Haz una presentación sobre los géneros cinematográficos y tus preferencias siguiendo el esquema.

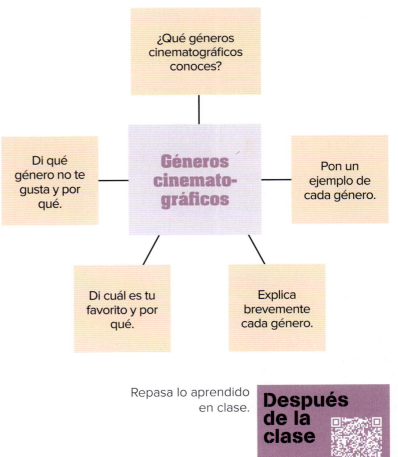

Repasa lo aprendido en clase.

Después de la clase

Lección 2
Una peli para cada momento

1 Las películas y los sentimientos.
¿Qué tipo de película crees que están viendo? ¿Qué sentimientos tienen? Luego, responde a las preguntas.

1. Cuando estás triste, ¿qué género de película prefieres ver? ¿Por qué?
2. ¿Y cuando estás alegre? ¿Por qué?
3. ¿Cómo te sientes cuando el final de una película no es el que esperas?

2 Estas personas hablan sobre sus sentimientos y sus preferencias cinematográficas.
Marca: ¿verdadero (V) o falso (F)?

26

	V	F
1. Paula está nerviosa cuando ve películas de acción.		
2. A Paula le gusta el cine comercial.		
3. Álvaro ve películas de acción cuando está nervioso.		
4. A la mujer de Álvaro le gustan las comedias.		
5. A la hija de Alicia le tranquiliza ver dibujos animados.		
6. La mujer de Andrés ve películas de miedo cuando está estresada.		

3 Los verbos irregulares en presente (2).
Completa la tabla gramatical y, luego, las frases con uno de los tres verbos en la forma correcta.

	Verbos irregulares		
	venir e > ie (-go)	jugar u > ue	ver
Yo	_____	juego	_____
Tú	vienes	juegas	ves
Él, ella, usted	_____	_____	_____
Nosotros/as	venimos	jugamos	vemos
Vosotros/as	venís	jugáis	veis
Ellos/as, ustedes	vienen	juegan	ven

1. ¿A qué hora _____ hoy a casa?
2. ¿_____ (nosotros) la nueva peli de Antonio Banderas?
3. - ¿De dónde vienes?
   - _____ de casa de mis padres.
4. ¿_____ (vosotros) un partido de baloncesto?
5. Mi hermano y yo _____ todos los días al Trivial.
6. ¿_____ (vosotros)? Yo no veo nada.
7. Hoy no _____ al fútbol, me duele la pierna.

4 ¿Qué película podemos ver en cada momento? Observa el ejemplo y completa las frases. Después, observa las imágenes. ¿Sabes a qué películas corresponden? Di el sentimiento que te provoca cada una.

Ejemplo: *Cuando me siento contento, veo pelis de acción.*

1. Cuando me siento contento, veo _____
2. Cuando estás nervioso, puedes ver _____
3. Cuando me siento solo, veo _____
4. Cuando estás enamorado, puedes ver _____
5. Cuando estoy estresado _____

5 Haz tus recomendaciones y expón tu opinión.
Elige tres de las cinco opciones y prepara una exposición.

- ¿Qué película ver cuando estás triste?
- ¿Qué película ver cuando estás estresado?
- ¿Películas con final feliz o con final triste?
- Las películas de miedo.
- Los mejores finales de películas.

Repasa lo aprendido en clase.

Después de la clase

Antes de la clase

Escanea el QR y prepárate.

Lección 3
Mis actores preferidos

1 Observa las siguientes imágenes y escribe debajo su profesión: actor, actriz o director. Después opina sobre cada uno de ellos: ¿te gusta lo que hacen? ¿Puedes nombrar algún título de películas en las que hayan actuado o que hayan dirigido?

2 Expresa tu opinión.
Habla sobre tus actores y directores favoritos.

1. ¿Qué característica debe tener, para ti, un buen actor o actriz?
2. ¿Te gustan los actores y actrices actuales o prefieres los clásicos? ¿Por qué?
3. ¿Qué motivo es más importante para ti cuando eliges una película? Explica el porqué de cada opción.
   a. El título.
   b. El director
   c. Los actores
   d. El género
   e. El argumento

3 Lee estas opiniones, elige la opción correcta en cada caso y responde a las preguntas.
Luego, di con cuál estás más de acuerdo y con cuál menos. ¿Por qué?

☐ Paco Películas. Director de cine.

Yo normalmente elijo para mis películas actores y actrices **apasionados/divertidos** con su trabajo. Conozco a muchos actores y actrices con mucho talento, pero sin pasión. Y es una pena... Con pasión se transmite, pero solo con talento, no.
¿Qué es lo más importante en un actor para este director?

☐ Rosa Chinche. Crítica cinematográfica

Probablemente mi actor preferido actualmente es Johnny Depp. Sé que muchas personas piensan que es así porque es **atractivo/extrovertido** y divertido, pero no. La razón es que es muy **polifacético/apasionado**, es decir, puede interpretar cualquier papel y cada personaje tiene algo de él mismo: Jack Sparrow o Willy Wonka son claros ejemplos.
¿Por qué Johnny Depp es el actor preferido de esta crítica?

☐ Susana Ideal. Actriz

Yo doy mucha importancia al trabajo del director que dice claramente lo que espera de ti porque, de esa forma, tú sabes cómo actuar, conoces mejor al personaje que haces y, por supuesto, todo te ayuda a crecer.
Por eso, me gusta trabajar con directores **profesionales/extrovertidos**.
¿Cómo dice la actriz que crece en su profesión?

☐ Gonzalo Pesetas. Productor

Actualmente salen más actores nuevos de las series que de las películas. Los directores eligen actores conocidos para el cine porque dicen que es mejor para la promoción de la película, pero las series son realmente el lugar donde hoy está el talento joven: chicos diferentes, **originales/apasionados**.
¿Dónde están los jóvenes actores talentosos, según este productor?

TEMA 6

4 Los verbos irregulares en presente (3). Completa los verbos con las formas resaltadas en los textos anteriores. Luego, pon el verbo en la forma correcta y completa las frases con tu opinión personal.

	conocer	elegir	dar	decir	saber	salir
Yo	_____	_____	_____	digo	_____	salgo
Tú	_____	eliges	das	dices	_____	sales
Él, ella, usted	conoce	elige	da	_____	sabe	sale
Nosotros/as	conocemos	elegimos	damos	decimos	sabemos	salimos
Vosotros/as	conocéis	elegís	dais	decís	sabéis	salís
Ellos/as, ustedes	conocen	_____	dan	_____	saben	_____

1. Para mí, cuando _____ (elegir) una serie, es importante _____.
2. Me encanta *el actor/la actriz* _____, que _____ (salir) en la *película/serie* _____ porque es _____.
3. Me gusta mucho cuando *el actor/la actriz* _____ _____ (decir) la frase «_____» en la película _____.
4. Yo _____ (conocer) unos actores y actrices españoles. Por ejemplo, _____.
5. Cuando veo una película, no _____ (dar) importancia a _____ porque _____.
6. Cuando mis amigos _____ (elegir) una película comercial, yo _____.
7. Le _____ (dar) la razón a los críticos cuando dicen que _____ no es muy importante.
8. Yo nunca _____ (decir) que no si me proponen ver una película _____.

5 Sigue el esquema y presenta a tu actor o actriz preferido/a.

La *j* y la *g* (1)

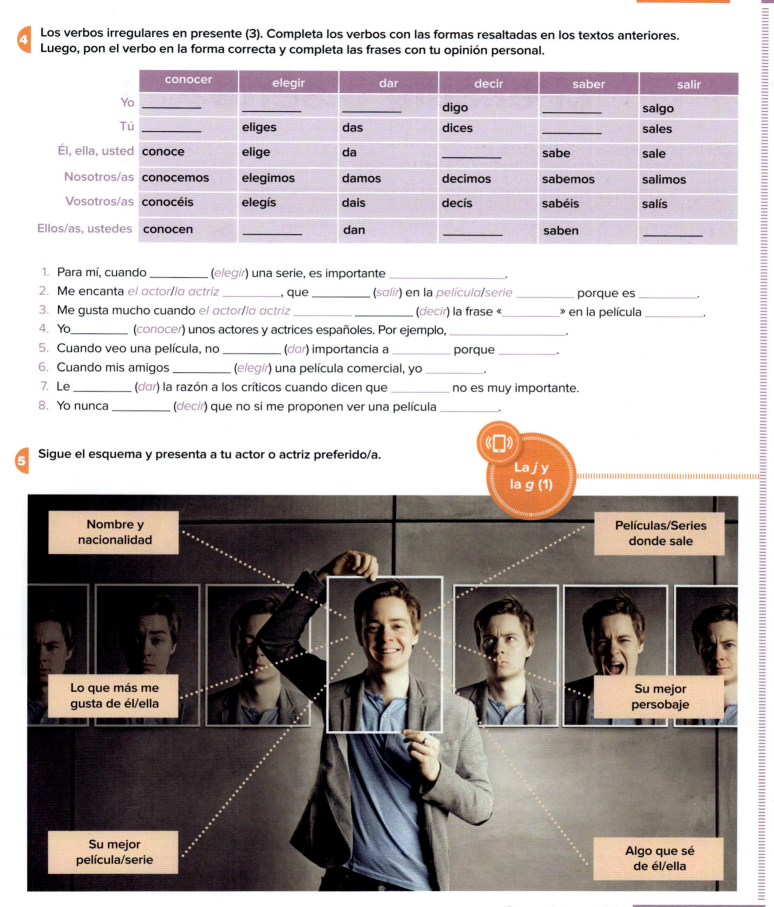

- Nombre y nacionalidad
- Películas/Series donde sale
- Lo que más me gusta de él/ella
- Su mejor persobaje
- Su mejor película/serie
- Algo que sé de él/ella

Repasa lo aprendido en clase.

Después de la clase

Antes de la clase

Escanea el QR y prepárate.

Lección 4
¿Película o serie?

1 ¿Prefieres ver películas o series? ¿Por qué?
Completa esta tabla con tu opinión personal y, luego, coméntalo.

Películas		Series	
Pros Me gusta	**Contras** No me gusta	**Pros** Me gusta	**Contras** No me gusta

1. ¿En tu país es más popular ir al cine o ver series en alguna plataforma?
2. ¿Ves películas o series en español?

2 Pon los verbos en la forma correcta.
Luego, lee las cuatro sinopsis y relaciona cada una con su título. Justifica tus respuestas.

 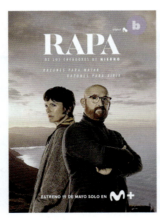  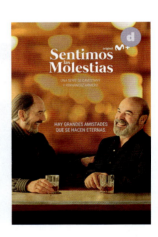

○ **Sinopsis 1**

Esta serie _____ (contar) la historia de Rafael Müller, un importante director de orquesta, y Rafael Jiménez, una vieja estrella del rock. Los dos amigos se hacen mayores, pero no lo aceptan y, en el día a día, viven momentos divertidos y tristes mientras ellos _____ (querer) resistir el paso del tiempo.

○ **Sinopsis 2**

Una joven escritora está en una crisis creativa y tiene problemas con su marido. En estos momentos tan complicados para ella, la acompañan sus tres mejores amigas: Carmen, Lola y Nerea. Las cuatro amigas _____ (hacer) todo lo posible para entender el amor, los celos, el trabajo y el futuro.

○ **Sinopsis 3**

Raquel, una joven profesora de literatura, _____ (empezar) a trabajar en un pueblo. El primer día, recibe una nota entre los trabajos de sus alumnos que dice: «Y tú, ¿cuándo _____ (ir) a morir?». Cuando descubre que la anterior profesora de literatura está muerta, _____ (querer) saber por qué.

○ **Sinopsis 4**

La alcaldesa de un pueblo del norte de España _____ (morir) asesinada. La policía busca al asesino. Tomás es la persona que _____ (encontrar) el cuerpo de la alcaldesa y también investiga. La policía no _____ (pedir) ayuda a Tomás, pero Tomás sí _____ (dar) la información que necesita.

TEMA 6

3 Lee las sinopsis anteriores y di a qué serie corresponde cada afirmación. ¿Qué afirmación corresponde a dos series?

	El desorden que dejas	Rapa	Valeria	Sentimos las molestias
1. Hay un mensaje enigmático.				
2. Ocurre en una pequeña ciudad del norte.				
3. La protagonista es una profesora.				
4. Un profesor intenta ayudar a la policía.				
5. Dos amigos aprenden a hacerse mayores.				
6. El personaje principal es una escritora.				
7. Los protagonistas tienen relación con la música.				
8. Combina partes serias y partes cómicas.				
9. Hay un docente entre los personajes.				

4 Clasifica los verbos de la actividad 2 según el tipo de irregularidad. Luego, añade a la lista otros verbos que conoces. Finalmente, completa las ocho frases con el verbo en la forma correcta.

19

Verbos con cambio vocálico			Verbo con cambio consonántico	Verbos con irregularidad propia
e > ie	o > ue	e > i	c > zc	

1. Todos los días le _____ (contar) una historia de miedo a mi hermano, le encanta.
2. ¿_____ (Hacer, nosotras) hoy juntas los deberes?
3. ¿Cuándo _____ (empezar) la película?
4. Hoy no _____ (hacer, yo) nada más. Estoy muy cansada.
5. No _____ (conocer, yo) a Alejandro Amenábar ¿Quién es?
6. Yo _____ (pedir) la *pizza* y tú _____ (pedir) la comida china.
7. ¿Cuándo _____ (ir, tú) a Italia?
8. Hoy os _____ (dar) las notas, así que tranquilos.

5 Elige cuatro de los seis temas y prepara una exposición para tu profesor o profesora.

¿Cuál es mi serie preferida?	¿Películas originales o adaptadas de libros?	Series de ficción o series documentales
¿Veo una serie poco a poco o toda en un fin de semana?	Las series me ayudan a mejorar mi español, ¿sí o no?	¿Películas en versión original o dobladas en mi idioma?

Repasa lo aprendido en clase.

Después de la clase

TEMA 7 Tipos de viajes y de viajeros

Lección 1

Primer viaje, último viaje
- Relatar la experiencia en los viajes (el pretérito perfecto simple regular)

Lección 2

Una ocasión, un destino
- Hablar de los tipos de viajes realizados (el pretérito perfecto simple de los verbos irregulares *ir*, *estar* y *tener*)

Lección 3

Un pódcast viajero
- Valorar viajes (el pretérito perfecto simple de los verbos irregulares más frecuentes)

Lección 4

Álbum de fotos
- Evocar recuerdos y relatar (el pretérito perfecto simple)

¿Qué tipo de viajero eres?
Cuando se hace un viaje, tanto el destino y el tipo de viaje como lo que se busca, depende de tu personalidad. Observa y responde: ¿cómo eres tú? ¿Falta algún tipo de viajero?

10 tipos de viajeros

○ **El viajero fotógrafo**
«Me puedo olvidar en casa de mi ropa interior, pero nunca de mi cámara de fotos».

○ **El viajero aventurero**
«Quiero llegar al fin del mundo: el mundo sin fronteras».

○ **El viajero cultural**
«Viajo para conocer, para descubrir, para ver formas de vida diferentes».

○ **El viajero planificador**
«Cuando viajo, no quiero sorpresas. Me gusta tenerlo todo bien organizado».

○ **El viajero de lujo**
«Si viajo es que estoy de vacaciones y quiero descansar: comodidad y disfrutar».

○ **El viajero comprador**
«Me gusta llevar muchos recuerdos y regalos de mis viajes a mi familia y mis amigos».

○ **El viajero 2.0**
«Quiero compartir mis viajes con mis seguidores».

○ **El viajero trabajador**
«Entre reunión y reunión, busco tiempo para ver algo».

○ **El viajero *foodie***
«Quiero comerme el mundo: pienso probar todos los platos típicos».

○ **El eterno viajero**
«No me canso nunca de viajar. Puedo estar fuera de casa meses o años».

Antes de la clase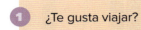

Escanea el QR y prepárate.

Lección 1
Primer viaje, último viaje

1 ¿Eres un viajero experto? Habla sobre tus viajes.

1. ¿Te gusta viajar?
2. ¿Conoces bien tu país?
3. ¿Prefieres viajar solo o acompañado? Justifica tu respuesta.
4. ¿Qué países conoces? ¿Has estado en España?

2 Lee las experiencias de los siguientes viajeros y, después, marca: ¿verdadero o falso? ¿Con cuál de ellos te identificas más? ¿Por qué?

Carlos, 21 años
El año pasado viajé con mi novia a París. ¡Qué bien lo pasamos! Nos alojamos en una habitación doble con media pensión. Allí comí los auténticos cruasanes para desayunar. Los padres de mi novia vivieron allí diez años y siempre nos hablan de lo bonito que es París. Lo único malo es que es una ciudad muy cara.

Laura, 44 años
Mi marido es diplomático y, por eso, cada dos o tres años cambiamos de país. A veces es un poco estresante, pero a mi familia le encanta viajar. El año pasado viajamos a Noruega y vimos la aurora boreal. ¡Qué espectáculo! Lloré al ver algo tan hermoso. El año próximo queremos volver.

Andrés, 50 años
A mí no me gusta viajar, me estresan los viajes. A mi mujer y a mis hijos les encanta. Yo viví en Inglaterra 12 años y viajé muchísimo durante esos años, no necesito conocer más sitios. Conozco casi todos los países de Europa. El año pasado alquilamos una caravana y nos alojamos en un *camping* durante una semana. Eso me gustó mucho.

Marina, 65 años
Me encanta viajar con mis amigas. Cada año hago un viaje fuera de España con ellas. El año pasado viajamos a Italia y nos alojamos en un apartamento en Roma. Cocinamos algunos días y otros comimos en restaurantes. ¡Me encanta la comida italiana! El nieto de mi amiga vive en Nápoles y tomamos un tren hasta allí para vernos.

1. Carlos y su novia solo comieron cruasanes en París.
2. Carlos cree que en París todo vale mucho dinero.
3. Marina y sus amigas se alojaron en Roma.
4. Marina y sus amigas comieron todos los días fuera de casa.
5. Andrés conoce solo su país.
6. Laura viaja mucho por el trabajo de su marido.
7. Laura lloró porque no le gustó Noruega.

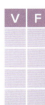

3 Vuelve a leer los textos, busca los verbos y completa la tabla. Después, marca a quién corresponde cada frase: Carlos (**C**), Laura (**L**), Andrés (**A**) y Marina (**M**).

	Pretérito perfecto simple		
	viajar	comer	vivir
Yo	_____	_____	_____
Tú	viajaste	comiste	viviste
Él, ella, usted	viajó	comió	vivió
Nosotros/as	_____	_____	vivimos
Vosotros/as	viajasteis	comisteis	vivisteis
Ellos/as, ustedes	viajaron	comieron	_____

C	L	A	M

1. Su familia viajó a Noruega.
2. Vivieron fuera muchos años.
3. Visitaron a alguien.
4. En su viaje desayunaron y cenaron en el hotel.
5. Viajaron en tren.
6. Sus suegros vivieron en Francia.

4 Practica los verbos en pasado. Completa las frases.

1. El año pasado nos _____ (*alojar*) en una pensión.
2. Hace dos años mi marido y yo _____ (*viajar*) a Chile.
3. Mis padres _____ (*vivir*) diez años en Berlín.
4. En mis vacaciones a Polonia no _____ (*comer*) nada.
5. La semana pasada mis abuelos _____ (*tomar*) un avión para visitar a mi hermano.
6. ¿_____ (*Viajar, tú*) a Irlanda el año pasado?
7. Ayer _____ (*hablar*) con mi mujer de nuestro viaje a Cuba.
8. El año pasado en Londres _____ (*desayunar*) huevos con salchichas todos los días.

Los pasados

5 El mejor viaje de mi vida. Preséntalo.

No olvides:
1. Decir por qué fue el mejor viaje de tu vida.
2. Explicar dónde te alojaste.
3. Indicar qué medio de transporte usaste.
4. Aclarar si viajaste solo/a o acompañado/a.

Repasa lo aprendido en clase.

Después de la clase

Antes de la clase

Escanea el QR y prepárate.

Lección 2
Una ocasión, un destino

1 Observa las fotos y describe cada tipo de viaje. ¿Cuál de ellos has realizado alguna vez? Habla sobre tu experiencia viajera y responde a las preguntas.

1. ¿Has realizado alguno de estos viajes? ¿Cuál?
2. De los que no has realizado, ¿cuál te gustaría hacer?
3. Describe con uno de los adjetivos de la actividad 2 de antes de clase el mejor viaje de tu vida.

2 29 Tres personas hablan sobre sus experiencias en viajes. Marca quién dice cada frase: Juanjo (J), Mónica (M), Fernando (F) o ninguno (N). Luego, relaciona las fotos con los viajeros.

1. Estuvo en el sur de España.
2. Estuvieron en el sitio para comer pinchos.
3. Fueron al norte de España.
4. Fue un viaje improvisado.
5. Viajó por trabajo.
6. En el viaje de su hermana, llovió todos los días.
7. Hicieron un viaje por la naturaleza.
8. El viaje lo hizo por obligación.

J	M	F	N

3 Busca las formas que faltan en las frases anteriores y completa la tabla.
Después, completa las frases con uno de los tres verbos de la tabla en la forma adecuada.

	Verbos irregulares		
	ir	estar	hacer
Yo	fue	estuve	hice
Tú	fuiste	estuviste	hiciste
Él, ella, usted	_____	_____	_____
Nosotros/as	fuimos	estuvimos	_____
Vosotros/as	fuisteis	estuvisteis	hicisteis
Ellos/as, ustedes	_____	_____	_____

1. Hace dos días _____ en Granada con mi novio.
2. _____ (yo) el año pasado a Chile.
3. En 2018, mis padres y yo _____ a España para mejorar nuestro español.
4. Cuando mi marido y yo nos casamos, no _____ luna de miel.
5. El verano pasado mis abuelos _____ una semana a Italia.

4 Explica a tu profe un viaje inolvidable que hayas hecho.

No olvides:
1. Decir qué tipo de viaje fue.
2. Describirlo con los adjetivos vistos en la unidad.
3. Contar tu experiencia en ese viaje.

Repasa lo aprendido en clase.

Después de la clase

Antes de la clase

Escanea el QR y prepárate.

Lección 3
Un pódcast viajero

1. Habla de los recuerdos que tienes de tus experiencias viajeras. Responde a las preguntas.

   1. ¿Qué recuerdas más: las malas experiencias o las buenas experiencias? ¿Por qué?
   2. ¿Qué haces para recordar tus experiencias?
      a. Escribo un diario de cada viaje.
      b. Hago un álbum de fotos.
      c. Compro y colecciono recuerdos de cada lugar donde voy.
      d. Aprendo algunas palabras o frases del idioma del lugar que visito.
      e. Otros: _____
      f. No hago nada.

2. Escucha estas experiencias que cuentan estos cuatro viajeros en un pódcast. ¿Qué experiencias son positivas y cuáles negativas?

Elena · Emilio · Elisa · Esteban

3. Escucha otra vez y marca si las siguientes informaciones son verdaderas o falsas. Si son falsas, corrígelas.

   1. Elena **hizo** un viaje en verano.
   2. Emilio no **pudo** entrar en el hotel.
   3. Elisa **dijo** que tuvo un problema en el avión.
   4. Esteban fue a casa de Luis y Luis **vino** a su casa.
   5. Esteban y Elena **dieron** dinero a personas con necesidades.
   6. Elisa y Emilia **quisieron** hacer cancelaciones, pero fue imposible.

V	F	Corrección

TEMA 7

4 Fíjate en los verbos resaltados en las afirmaciones anteriores y escribe cada uno junto a su infinitivo. Luego, fíjate en la forma, di qué verbos son irregulares y completa las experiencias de viajeros.

| poder | hacer | venir |
| decir | querer | dar |

Sofía @sofia · 29 min — 20:36

Yo _____ (*hacer*) un viaje por Sudamérica con mi hermana: nosotras _____ (*ir*) a Uruguay, Argentina, Venezuela y Brasil. Creo que en total _____ (*estar*) dos meses y _____ (*poder*) conocer a muchas personas, _____ (*mejorar*) nuestro español y _____ (*aprender*) sobre la cultura.

Sara @sara_33 · 12 min — 20:22

Mi último año de universidad, mi abuelo me _____ (*dar*) dinero para hacer un viaje. Me _____ (*decir*): «Viajar es la mejor forma de aprender, de vivir, de crecer». _____ (*Hacer*) un viaje en tren por el centro y norte de Europa. Y _____ (*aprender*), _____, (*vivir*) y _____ (*crecer*). Hoy tengo una agencia de viajes.

Sergio @viajero · 40 min — 20:22

El año pasado algunos compañeros de trabajo de las sucursales europeas _____ (*venir*) a México y les _____ (*organizar, yo*) un viaje por el país. Antes de venir, me _____ (*decir*) que les gusta mucho la cultura maya, así que _____ (*visitar*) Chichén Itzá, Tulum, Palenque..., pero también _____ (*nadar*) en los cenotes y _____ (*probar*) la comida tradicional. Ellos _____ (*querer*) probar la comida muy picante y ese día _____ (*ser*) muy muy divertido.

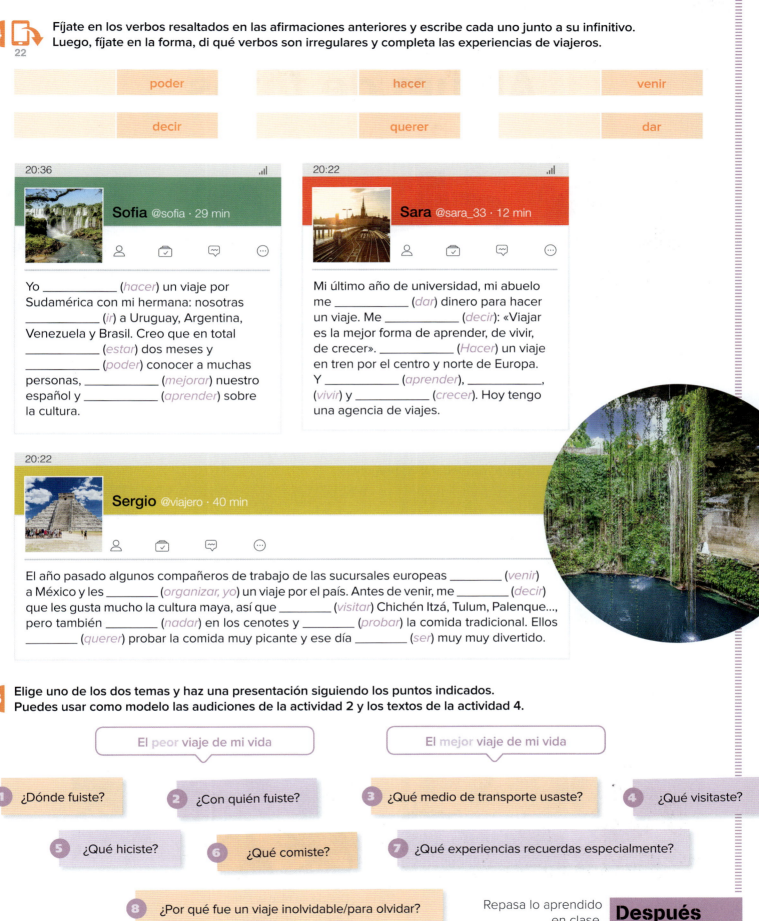

5 Elige uno de los dos temas y haz una presentación siguiendo los puntos indicados. Puedes usar como modelo las audiciones de la actividad 2 y los textos de la actividad 4.

(El **peor** viaje de mi vida)   (El **mejor** viaje de mi vida)

1. ¿Dónde fuiste?
2. ¿Con quién fuiste?
3. ¿Qué medio de transporte usaste?
4. ¿Qué visitaste?
5. ¿Qué hiciste?
6. ¿Qué comiste?
7. ¿Qué experiencias recuerdas especialmente?
8. ¿Por qué fue un viaje inolvidable/para olvidar?

Repasa lo aprendido en clase.

Después de la clase

Antes de la clase

Escanea el QR y prepárate.

Lección 4
Álbum de fotos

1 ¿Haces fotos en tus viajes?
Explica tus hábitos y responde a estas preguntas.

Crear un álbum de fotos

Coleccionar postales

Guardar las fotos en el móvil

Subir las fotos a la nube

1. ¿Te gusta hacer fotos de tus viajes?
2. ¿Qué haces con las fotos tras los viajes: las ordenas, las ves, haces un álbum…?
3. ¿De qué te gusta hacer fotos: monumentos, comidas, calles…?
4. ¿Por qué?

2 Observa cuatro fotos de viajes.
Fíjate en estas fotos e imagina para responder a las preguntas.

1. ¿Dónde hicieron la foto?
2. ¿Qué hicieron después de ese momento?
3. ¿Por qué fueron allí?

1. ¿Dónde fueron de viaje?
2. ¿Cuánto tiempo estuvieron?
3. ¿Qué hicieron esos días?

1. ¿Dónde hicieron la foto?
2. ¿Qué tipo de viaje hicieron?
3. ¿Por qué eligieron ese destino?

1. ¿Dónde se hizo la foto?
2. ¿Qué tipo de viaje fue?
3. ¿A quién conocieron durante el viaje?

3 Completa estos fragmentos de diarios de viajes.
Luego, léelos y di a cuál de las fotos anteriores corresponde cada uno.

DIARIOS DE VIAJES

Mi amiga Sara y yo _____ (decidir) hacer el Camino de Santiago el verano pasado. Me acuerdo de que _____ (conducir, yo) desde Sevilla hasta León y allí _____ (empezar, yo) el camino, pero yo sola. De hecho, Sara _____ (empezar) un poco más adelante, porque (acabar) de trabajar dos días más tarde. _____ (Hacer, nosotras) más de 120 kilómetros juntas. _____ (Conocer, nosotras) a muchas personas durante el camino, pero, en especial, a dos chicos de Madrid muy guapos que ahora son nuestros novios. En esta foto estoy yo el día que _____ (terminar) el camino, en Santiago.

Mi marido y yo _____ (ir) a Estambul de viaje de novios. Recuerdo que esta foto es del último día. Yo _____ (buscar) el hotel y los lugares para visitar, porque _____ (querer) un viaje cultural y conocer una nueva cultura. Visitamos las mezquitas, los palacios... Álvaro _____ (sacar) los billetes y, además, _____ (reservar) los restaurantes. El viaje fue inolvidable.

Mis compañeros de clase y yo _____ (estar) en Tenerife diez días cuando _____ (terminar) el último curso de la universidad. En realidad, ellos _____ (llegar) dos días antes porque me parece que yo _____ (tener) que hacer un examen de recuperación. _____ (Llegar, yo), _____ (alquilar, yo) un coche y _____ (encontrarse) con ellos para vivir unos días inolvidables. En esa foto estamos en la playa y recuerdo que después _____ (bucear) con los peces de colores.

Puedo decir que el viaje a los Pirineos _____ (ser) fantástico. _____ (Pasar, nosotras) una semana en Andorra. Allí _____ (esquiar), _____ (hacer) snowboard y también _____ (ir) a un parque temático muy divertido.

4 Fíjate en las expresiones subrayadas en los textos.
¿Cuál o cuáles se usan para cada caso?

Para evocar un recuerdo		
Para añadir información		
Para enfatizar un hecho		
Para dar una información o una opinión		

5 Elige dos de las cuatro opciones y cuenta una anécdota.
Si tienes, puedes acompañar la presentación de una o varias fotos.

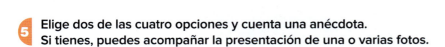

Repasa lo aprendido en clase.

Después de la clase

TEMA 8 Mundo animal

Lección 1

Animales y personas compartimos el mundo
- Describir animales (los adverbios en *-mente*)

Lección 2

Curiosidades animales
- Comparar animales (los adjetivos y los comparativos)

Lección 3

Animales de película
- Opinar sobre los derechos de los animales (las perífrasis de obligación)

Lección 4

Maltrato animal
- Expresar la opinión (las expresiones de opinión y debate)

¿Cuál es tu animal favorito? ¿Qué dice eso de ti?
Lee. ¿Se corresponde con tu forma de ser?

Mi animal es...

Desde que somos niños, nuestras decisiones y preferencias vienen determinadas por el carácter. Cuando elegimos qué animal nos gusta más, habitualmente lo hacemos porque vemos en ese animal alguna característica que nos hace sentir cómodos. ¿Vemos algunos ejemplos?

- Si el **perro** es tu animal favorito, probablemente eres extravertido, alegre, familiar, sociable y prefieres estar acompañado.

- Si eliges el **gato** como tu animal preferido, eres alguien muy especial. Eres curioso, inteligente y no tienes miedo. Quizá también eres un poco introvertido.

- ¿Tu animal preferido es el **delfín**? Entonces eres un líder natural, aprendes rápido y te gustan las actividades artísticas. Haces amigos fácilmente.

- Si tu elección es el **águila** es porque eres una persona libre, tienes un carácter fuerte y te esfuerzas para conseguir tus sueños.

- Los que escogen el **tigre** también tienen un fuerte carácter, pero, sobre todo, son independientes y buenos, valoran el honor y no se dejan influir por otros.

(Adaptado de https://saposyprincesas.elmundo.es/consejos/psicologia-infantil/animal-favorito-personalidad/)

Antes de la clase

Escanea el QR y prepárate.

Lección 1
Animales y personas compartimos el mundo

1 Indica qué tipo de animales son.
Opina y responde a las preguntas.

Salvajes   De granja   Mascotas

La *g* y la *j* (2)

1. ¿Tienes un animal preferido? ¿Cuál es? ¿Por qué es tu preferido?
2. ¿Estás de acuerdo con lo que dice el texto de la actividad de entrada: «Cuando elegimos qué animal nos gusta más, habitualmente lo hacemos porque vemos en ese animal alguna característica que nos hace sentir cómodos»?
3. ¿Tienes alguna mascota en casa? ¿Cómo se llama? ¿Cómo es?

2 📱 32 Lee las siguientes afirmaciones y relaciónalas con su animal.
¿Crees que son verdaderas (V) o falsas (F)? Luego, escucha y comprueba tus respuestas.

1. El ADN del hombre y el gorila son **prácticamente** idénticos: coinciden en un 95-99%.
2. Los mosquitos son **altamente** peligrosos: contagian enfermedades a 700 millones de personas al año.
3. Los lobos pueden correr **continuamente**, sin pausa, hasta 20 minutos.
4. Las hormigas pueden dormir **profundamente** hasta 12 horas.
5. Hay un tipo de erizo que **únicamente** ve en color amarillo.
6. El cocodrilo llora **constantemente** porque es un sistema de defensa contra los insectos.
7. Si una serpiente mamba te muerde, **seguramente** no te pasa nada.
8. Los búhos pueden girar la cabeza casi **completamente**: 270 grados.

V	F

TEMA 8

3 Fíjate en las palabras en negrita de la actividad anterior y completa la explicación. Luego, transforma los adjetivos en adverbios para completar las seis frases.

Adverbios en -mente

Para transformar un adjetivo en un adverbio, seguimos estos pasos:

Adjetivo masculino	>	Adjetivo _____	>	Añadimos el final: _____
_____	>	práctica	>	prácticamente
único	>	_____	>	_____
_____	>	profunda	>	_____

1. común   2. real
3. lamentable   4. lento
5. ágil   6. habitual

1. Las tortugas andan _____.
2. Las familias, _____, tienen como mascotas un perro o un gato.
3. Los koalas duermen _____ 14 horas diarias.
4. _____ se abandonan muchos animales en verano.
5. Algunos animales pueden ayudar _____ en terapias.
6. Los monos se mueven _____ por los árboles.

4 Cada animal tiene su forma de ser. Relaciona y transforma el adjetivo en adverbio.

1. Los koalas...
2. Los delfines...
3. [Habitual] los gatos...
4. [Sorprendente] los caballos duermen...

a. ... son muy independientes.
b. ... de pie.
c. ... duermen [profundo].
d. ... nadan [rápido].

5 ¿Cuál es tu animal favorito? Elige un animal que te gusta y preséntalo.

- ¿Cómo es?
- ¿Por qué me gusta?
- ¿Qué tipo de animal es?
- ¿Cuáles son sus características principales

Animal

Repasa lo aprendido en clase.

Después de la clase

Antes de la clase

Escanea el QR y prepárate.

Lección 2
Curiosidades animales

1 ¿Cómo definirías a estos animales? ¿Qué característica destacarías? Responde a estas preguntas.

1. ¿Con qué tres características has definido a los animales en la actividad 2 previa a la clase?
2. Para ti, ¿cuál es el animal más bonito? ¿Y el más feo?
3. A tu juicio, ¿qué animal es el más divertido? ¿Y el más aburrido?
4. ¿Hay alguna característica de algún animal que no sabes cómo se dice en español?

2 Descubre los animales en las expresiones cotidianas. ¿Se hacen las mismas comparaciones en tu cultura? Lee este *post* y responde.

Expresiones y animales

Cuando hablamos, usamos muchas expresiones con animales, porque ayudan a explicar lo que queremos decir, pero ¿son ciertas esas frases?

Por ejemplo, decimos que algo **es más pequeño que** una hormiga, pero hay un tipo de escarabajo que es más pequeño que la hormiga, solo mide 0,3 milímetros.

Y, al contrario, si algo es grande, lo comparamos con un elefante, pero, claro, la ballena azul es más grande que el elefante. Una ballena azul puede ser **tan grande como** 44 elefantes. Increíble, ¿verdad?

«Eres más lento que una tortuga», decimos habitualmente. Es verdad, son lentas: caminan a 1 km/h, pero... la tortuga **es menos lenta que** el caracol, que se mueve a 0,05 km/h.

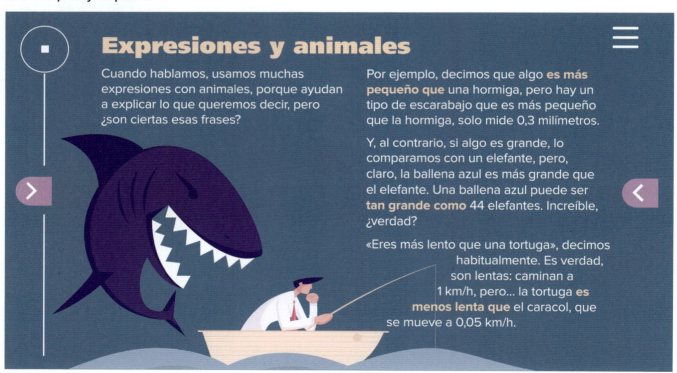

1. ¿La hormiga es el animal más pequeño del planeta?
2. ¿Qué animal es más grande, la ballena o el elefante?
3. ¿Cuál es el animal más lento de la Tierra?
4. Escribe un título para el texto.

TEMA 8

3 Aprende a hacer comparaciones. Fíjate en las frases resaltadas en el *post* y completa la explicación. Luego, establece comparaciones de inferioridad, superioridad o igualdad entre estos animales.

Comparar características	Hacer acciones
Comparación de superioridad _____ + **adjetivo** + *que* Ejemplo: _____	**Comparación de superioridad** **verbo** + *más que* Ejemplo: *El leopardo corre más que la tortuga.*
Comparación de inferioridad _____ + **adjetivo** + _____ Ejemplo: _____	**Comparación de inferioridad** **verbo** + *menos que* Ejemplo: *El caballo duerme menos que el oso.*
Comparación de igualdad *tan* + **adjetivo** + _____ Ejemplo: _____	**Comparación de igualdad** **verbo** + *tanto como* Ejemplo: *Quiero a mi gato tanto como a mi perro.*

1. perro / gato - cariñoso
2. ratón / conejo - divertido
3. caballo / águila - elegante
4. león / serpiente - peligroso
5. iguana / pájaro - aburrido
6. delfín / elefante - inteligente

4 Lee estas informaciones sobre animales y establece comparaciones. Puedes usar los adjetivos que te proponemos. Luego, piensa en otros animales que conoces (tus mascotas, animales de ficción, etc.) y haz lo mismo.

dormilón • longevo • alto • rápido • lento • activo

- Los elefantes pueden comunicarse entre sí.
- El elefante africano duerme dos horas al día.
- La ballena de Groenlandia puede vivir más de 200 años.
- Las tortugas no tienen dientes.
- La paloma común vuela a 150 km/h.
- Las tortugas galápago viven casi 180 años.
- Un lobo se puede comunicar con otro lobo.
- Los elefantes pueden llegar a medir cuatro metros de altura.
- El koala duerme entre 20 y 22 horas al día.
- El guepardo corre a 130 km/h.
- La jirafa mide entre cuatro y cinco metros.
- Los mosquitos tienen 47 dientes.

5 🔽 26 Relaciona las frases con las imágenes. ¿Se hacen las mismas comparaciones en tu lengua? Crea otras comparaciones.

 a
 b
 c
 d
 e

1. Es pobre como una rata.
2. Esta familia está como una cabra. ¡Qué locuras hacen!
3. Es fuerte como un toro.
4. No quiere obedecer. Es testarudo como una mula.
5. Me aburro como una ostra.

Repasa lo aprendido en clase.

Después de la clase

Antes de la clase

Escanea el QR y prepárate.

Lección 3
Animales de película

1 ¿Conoces animales-actores? ¿Te gustan las películas con animales? Di tu opinión y responde a estas preguntas.

27

1. ¿Qué películas con animales conoces?
2. ¿Te parece bien que salgan animales en las películas?
3. ¿Crees que sufren?
4. ¿Los animales deben tener los mismos derechos que las personas?
5. Expresa tu opinión sobre las frases del ejercicio 2 de antes de clase.

2 Conoce cuatro películas famosas.
Lee el blog y, después, marca: ¿verdadero (V) o falso (F)?

Inicio   Archivo   Buscar

ANIMALES DE CINE

Flipper

¿Hasta dónde somos capaces de llegar para conseguir realismo en una película? ¿Recordáis la serie *Flipper*? Una serie fantástica en la que un delfín es el protagonista. La realidad es que el delfín era hembra, Kathy, y tuvo que pasar horas y horas grabando frente a la cámara dando saltos y jugando. Al terminar la serie el delfín murió por depresión.

Babe, el cerdito valiente

Es la dulce historia de un pequeño cerdito, ¿verdad? Como ya sabéis, Babe es un bebé cerdito. Sin embargo, para hacer la película, se necesitaron 48 cerditos. ¿Y dónde están ahora esos cerditos? Hubo que sacrificarlos. Hay que ser más responsables con el maltrato animal y estar más concienciados.

¡Liberad a Willy!

Aquí la protagonista es una preciosa orca llamada Keiko. Durante el tiempo que Keiko estuvo en el acuario, 23 años, sufrió maltrato por parte de las otras orcas. Keiko no se adaptó a vivir encerrada en un acuario. Después de 23 años, liberaron a la orca, pero tampoco se adaptó a vivir en libertad y murió. Creo que los directores deben pensar en el bienestar de los animales.

El tigre de la vida de Pi

Hay que ser sinceros y decir que la mayoría de las escenas de esta película están hechas por ordenador, pero también es importante contar que, en una de las escenas, este tigre estuvo nadando en un enorme tanque de agua y... casi se ahoga.

1. El protagonista de *Flipper* es macho.
2. Kathy tuvo que pasar muchas horas delante de la cámara.
3. Para hacer *Babe, el cerdito valiente*, se necesitaron más de 40 cerditos bebés.
4. Keiko sufrió maltrato por parte de los cuidadores.
5. Keiko murió porque no se adaptó a vivir en libertad.
6. Casi todas las escenas de *La vida de Pi* no son reales.

TEMA 8

3 Busca información en el blog.
Luego, escribe ejemplos.

PERÍFRASIS	SIGNIFICADO	EJEMPLO DE LOS TEXTOS	OTRO EJEMPLO
1. *Hay que* + infinitivo	a. consejo	_____	_____
2. *Deber* + infinitivo	b. obligación personal	_____	_____
3. *Tener que* + infinitivo	c. obligación general	_____	_____

4 Forma dos frases.
Relaciona y, después, escribe tres recomendaciones más.

1. Para entrar en el acuario con los delfines tienes que…
2. Los animales tienen sus derechos y hay que…
3. Si quieres saber más, debes…
4. Si tienes un perro, tienes que…

a. ser respetuoso con ellos.
b. leer más sobre el respeto a los animales.
c. saber nadar.
d. sacarlo todos los días.

5. Tienes que _____
6. Hay que _____
7. Debes _____

5 Tu película favorita.
Elige una película que te gusta en la que el protagonista es un animal y preséntala.

No olvides:
1. Decir el título de la película.
2. Qué animal es el protagonista.
3. Por qué te gusta esta película.
4. ¿Crees que en esta película el animal ha sufrido maltrato? ¿Por qué?

Repasa lo aprendido en clase.

Después de la clase

Antes de la clase

Escanea el QR y prepárate.

Lección 4
Maltrato animal

1 Recuerda la nube de palabras que hiciste en la actividad 2.
Relaciona las palabras y sus definiciones.

1. jaula
2. cautiverio
3. látigo
4. acuario
5. circo
6. zoo

a. Cuerda que se utiliza para hacer obedecer a los animales.
b. Edificio destinado a la exhibición de animales marinos.
c. Lo contrario de libertad.
d. Espectáculo donde actúan personas y animales.
e. Lugar donde se conservan y se cuidan diferentes especies de animales.
f. Caja para encerrar animales.

2 ¿Hay límites para el uso de los animales en las diversiones?
Expresa tu opinión y responde a las preguntas

El circo

El zoo

Las carreras de caballos, galgos...

Las corridas de toros

Los delfinarios y espectáculos con animales

La caza

3 Todo tiene ventajas e inconvenientes. Responde a las preguntas.
Lee los siguientes *post*. Luego, marca a qué lugares hace referencia cada frase.

1. ¿Has estado en algún zoo? ¿Te gusta? ¿Por qué?
2. ¿Has estado en un circo? ¿Te gusta? ¿Por qué?
3. ¿Crees que en el zoo y en el circo se maltrata a los animales? Justifica tu respuesta.
4. ¿Conoces otras formas de maltrato animal en las diversiones? ¿Cuáles?

El zoo

¿Son los zoológicos cárceles para animales? Mucha gente piensa que el zoo no es más que una cárcel para un animal y no hogares o refugios. En el zoo, el animal está encerrado y no puede realizar comportamientos que para ellos son innatos: correr, volar, cazar, estar acompañados por otros de su especie... Miles de personas visitan diariamente los zoológicos y esto hace que muchos animales estén muy nerviosos. ¿Algo bueno? La investigación que en ellos se hace para mejorar su vida y que en cautividad los animales viven más tiempo.

Animales de carga

Muchos animales se utilizan como medio de transporte o se utilizan para realizar trabajos durísimos de carga en los que tienen que llevar mucho peso. Mucha gente cree que los animales no sufren, pero ¿es esto verdad? Muchos de ellos sufren heridas por todo el cuerpo y cansancio extremo. En muchos países se utilizan animales para realizar estos trabajos.

Acuarios

Los delfines viven una monotonía constante que favorece los trastornos mentales de estos animales, pero los últimos estudios afirman que estos animales viven más años en cautividad y su estado de salud es mejor. ¿Por qué? Porque los delfines en cautividad no están expuestos a la contaminación del mar.

El circo

Elefantes, leones y muchos animales más sometidos porque los humanos tienen que divertirse. Horas y horas de entrenamiento, muchas veces con látigos, para hacer lo que su adiestrador quiere. ¿Algo bueno? Los animales crean lazos muy fuertes con sus entrenadores y pasan muchos controles veterinarios para asegurar que viven más y mejor.

1. Son cárceles para animales.
2. En ellos se investiga para mejorar la vida de los animales.
3. Aquí no hay contaminación.
4. Aquí viven más.
5. Vivir aquí provoca que determinados animales tengan enfermedades mentales.

Circo	Zoo	Acuario

4 Observa el cuadro que te presenta tu profesor o profesora. Expresa tu opinión y responde a las preguntas.

1. ¿Crees que en el zoo hay maltrato animal?
2. ¿Es justo que un animal viva encerrado?
3. ¿Qué opinión tienes de los circos?
4. ¿Piensas que el animal debe ayudar al hombre en su trabajo?
5. ¿Crees que un animal marino puede ser feliz en un acuario?

5 Haz una presentación sobre el uso que se hace de los animales. ¿Qué opinas de ellos?

Animales para terapias

Perros guía

Perros policía

Experimentación con animales

a ¿Qué ventajas para los animales ofrecen?

b ¿Qué inconvenientes ves?

c ¿Estás a favor o en contra? Justifica tu respuesta.

Repasa lo aprendido en clase.

Después de la clase

TEMA 9 Personas únicas

Lección 1

Personas que han cambiado mi vida
- Hablar de los cambios en la vida (el pretérito perfecto compuesto)

Lección 2

Personas que nos han hecho la vida más fácil
- Destacar cambios que han cambiado la sociedad (los participios irregulares)

Lección 3

Personas que han cambiado el mundo
- Indicar hechos recientes que han cambiado la forma de vivir (contraste entre el perfecto simple y compuesto)

Lección 4

Personas solidarias
- Describir comportamientos y hábitos ejemplares y solidarios (contaste entre el perfecto compuesto y el presente)

¿Quién te ha influido más en tu vida?

En nuestra vida evolucionamos, cambiamos, crecemos... sobre todo gracias a personas. Personas de todo tipo que nos influyen por diferentes motivos, en diferentes momentos, a diferentes niveles de profundidad. Observa este mosaico y señala los tipos de personas que más te han influido. Puedes señalar todos los que quieras.

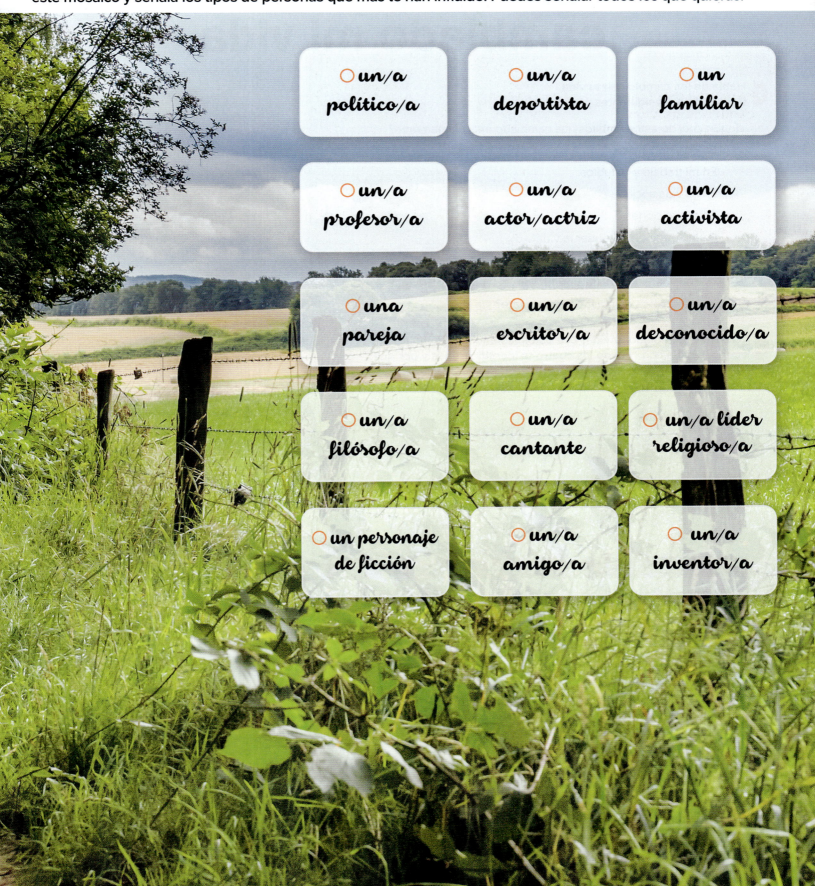

- ○ un/a político/a
- ○ un/a deportista
- ○ un familiar
- ○ un/a profesor/a
- ○ un/a actor/actriz
- ○ un/a activista
- ○ una pareja
- ○ un/a escritor/a
- ○ un/a desconocido/a
- ○ un/a filósofo/a
- ○ un/a cantante
- ○ un/a líder religioso/a
- ○ un personaje de ficción
- ○ un/a amigo/a
- ○ un/a inventor/a

Antes de la clase

Escanea el QR y prepárate.

Lección 1
Personas que han cambiado mi vida

1 Habla de los cambios en tu vida. Responde a las siguientes preguntas.

1. ¿En cuál de estos ámbitos has cambiado más últimamente?
   - En mi vida familiar.
   - En mi trabajo o estudios.
   - En mi vida social.
   - En mis aficiones.
   - En mi forma de entender la vida.
2. ¿Qué personas has añadido en la actividad 2 de antes de clase en cada ámbito? Explica el motivo.
3. ¿Quiénes han influido más en tu vida recientemente? Nombra a cinco personas.
4. ¿En qué quieres cambiar próximamente?

i + vocal

2 ¿Quién ha cambiado tu vida? Lee estos testimonios y marca si las afirmaciones son verdaderas o falsas. Luego, señala con cuál de los cuatro te identificas más y por qué.

Silvia, 25 años

Sin duda, mi profesora Carmen **ha cambiado** mi vida. Carmen me ha acompañado y me **ha enseñado** el camino para ser feliz desde el cariño, la tolerancia y el respeto. Me **ha querido** como soy, y yo **he aprendido** a quererme como soy y a sentir que puedo conseguir muchos retos.

Ernesto, 62 años

Sí, es un clásico, pero el nacimiento de mi nieta me **ha cambiado**. En realidad, me **ha rejuvenecido**. Teresa tiene solo 5 años y mi mujer y yo **hemos aprendido** a jugar otra vez, y eso **ha llenado** nuestras vidas. De ver la televisión y leer, hemos pasado a jugar con videojuegos y a hacer selfis con nuestra pequeña.

Magdalena, 23 años

Siempre **he sido** muy pesimista, siempre **he pensado**: «Esto no es posible», «yo no puedo hacer esto». ¿Y sabes quién me **ha cambiado**? Probablemente piensas que es una tontería, pero... es el tenista Rafa Nadal. Sí. Él nunca **ha dado** un punto por perdido, siempre **ha luchado** hasta el último segundo de cada partido y, desde que lo sigo, **he transformado** mi forma de pensar.

Jorge, 31 años

He vivido más de 20 años con mi abuelo. Es la persona más importante de mi vida y quien más me **ha ayudado** a crecer. **Hemos cocinado** juntos, **hemos hablado** de todo, **hemos superado** los problemas, **hemos disfrutado** las alegrías. Mi abuelo es todo para mí, no puedo decir otra cosa. No sé si me **ha cambiado**, solo sé que soy así gracias a él.

1. Una persona le ha cambiado la vida a una niña pequeña.
2. A una persona le ha influido un deportista.
3. Todos han crecido personalmente gracias a familiares.
4. Una estudiante ha ayudado a mejorar la autoestima de una profesora.
5. Una de las personas ha compartido muchos malos momentos con su abuela.
6. A una persona, un tenista le ha ayudado a querer ser la mejor siempre.
7. La persona más mayor ha empezado a jugar otra vez gracias a su nieta.
8. Todos han hablado de cambios en su vida.

		V	F

3 Observa las formas marcadas en los textos de la actividad anterior y completa la explicación. Luego, pon el verbo en la forma correcta del pretérito perfecto compuesto.

	Pretérito perfecto compuesto	
	Presente del verbo *haber*	Participio del verbo principal
Yo		enseñar > enseñ _____
Tú	has	
Él, ella, usted		aprender > aprend _____
Nosotros/as		
Vosotros/as	habéis	vivir > viv _____
Ellos/as, ustedes	han	

1. ¿Qué _____ (*aprender, vosotros*) de vuestros padres?
2. Mi entrenador de tenis me _____ (*enseñar*) a gestionar la frustración.
3. Yo _____ (*entender*) que lo más importante es esforzarme, no ganar siempre.
4. ¿Tú _____ (*vivir*) en algún país extranjero?
5. Este año nosotros _____ (*empezar*) a aprender español, porque queremos ir a vivir a México y abrir un negocio.
6. Todavía no _____ (*tener, yo*) tiempo de pensar en todo lo que _____ (*pasar*).
7. ¿Quién _____ (*ser*) la persona que más _____ (*influir*) en tu vida?
8. Elena _____ (*ir*) a la India este verano y dice que el viaje _____ (*cambiar*) su forma de pensar.

4 Piensa en una persona que te ha cambiado la vida y preséntala.
Di quién es y por qué te ha hecho cambiar.

Repasa lo aprendido en clase.

Después de la clase

Antes de la clase

Escanea el QR y prepárate.

Lección 2
Personas que nos han hecho la vida más fácil

1 ¿Cuánto sabes de las *apps* que utilizas? Responde y comenta estas preguntas.

- **a** ¿Conoces todas las aplicaciones que has visto antes de clase? ¿Qué opinas de ellas?
- **b** ¿Cuáles usas habitualmente?
- **c** ¿Conoces a los creadores de esas aplicaciones?
- **d** ¿Cuáles son las ventajas e inconvenientes de las aplicaciones?
- **e** ¿Crees que estas aplicaciones, plataformas y servicios hacen nuestra vida mejor?

2 Lee estos textos y relaciónalos con las *apps*.
34 Luego, escucha el audio sobre los orígenes de las *apps* y marca las respuestas correctas.

 A
 B
 C
 D

1. Esta plataforma **ha roto** con la forma tradicional de consumir televisión o cine y ha habido un *boom* de las series. ☐

2. El creador de esta plataforma **ha hecho** algo asombroso: podemos comprar con un solo clic. ☐

3. Desde que existe, no dejamos de preguntar a los amigos si **han visto** la última temporada de la serie de moda. ☐

4. El fundador de esta aplicación **ha dicho** que el origen de la *app* está en su timidez. ☐

5. Este servicio, originalmente para personas con mucho dinero, **ha abierto** la posibilidad de tener un coche disponible a todo el mundo. ☐

6. Cuando **has escrito** tus datos en la web, ya puedes comprar con extrema facilidad. ☐

1. ¿Qué empezó vendiendo la empresa de Jeff Bezos?
   - Gafas de sol
   - Libros
   - Teléfonos móviles

2. ¿Cuál es el carácter de Sean Rad, uno de los creadores de Tinder?
   - Alegre
   - Melancólico
   - Tímido

3. ¿Cuánto tuvo que pagar Reed Hastings de multa por devolver tarde una película al videoclub?
   - 400 dólares
   - 14 dólares
   - 40 dólares

4. ¿Quiénes eran los primeros clientes de la empresa de Travis Kalanick?
   - Ejecutivos con dinero
   - Jóvenes moteros
   - Gente alternativa

3 Fíjate en los textos de la actividad anterior y relaciona los participios irregulares con los infinitivos. Luego, pon el verbo en la forma correcta del pretérito perfecto compuesto.

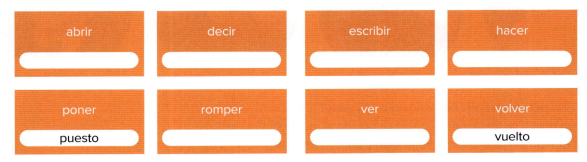

abrir	decir	escribir	hacer

poner	romper	ver	volver
puesto			vuelto

1. El CEO de Google _____ (*decir*) que van a presentar un nuevo producto revolucionario.
2. Esta mañana _____ (*ver*) que _____ (*llegar*) un paquete de Amazon.
3. Mis compañeros de la universidad _____ (*abrir*) una *start up* tecnológica.
4. Servicios como Google Maps _____ (*hacer*) que viajar sea muy fácil en la actualidad.
5. WhatsApp _____ (*resolver*) el problema del precio de los SMS. Ahora comunicarse es muy sencillo, muy rápido y muy barato.
6. Las empresas tecnológicas _____ (*poner*) en dificultades a las tiendas y los negocios tradicionales.
7. Zoom o Microsoft Teams _____ (*ayudar*) a comunicarse y _____ (*cubrir*) las necesidades de formación a distancia de muchas personas.

4 Haz una presentación personal. Elige cuatro de los seis temas.
No olvides hablar de todos los puntos.

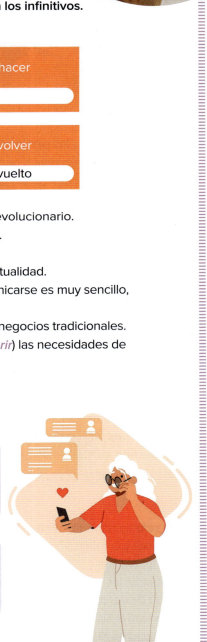

- Una *app* que ha cambiado nuestra forma de viajar
- Una *app* que ha cambiado nuestra forma de relacionarnos
- Una *app* que ha cambiado nuestra forma de aprender
- Una *app* que ha cambiado nuestra forma de trabajar
- Una *app* que ha cambiado nuestra forma de comer
- Una *app* que ha cambiado nuestra forma de divertirnos

- ¿Cómo se llama la *app*?
- ¿Cómo funciona?
- ¿Por qué ha cambiado ese ámbito?
- ¿En qué te ha mejorado la vida personalmente?

Repasa lo aprendido en clase.

Después de la clase

Antes de la clase

Escanea el QR y prepárate.

Lección 3
Personas que han cambiado el mundo

1 ¿Cuál es tu opinión sobre las personas que cambian el mundo? Expresa tu opinión y responde a las preguntas.

| Einstein | Steve Jobs | Mark Zuckerberg | Jeff Bezos |

1. ¿Conocías a los personajes que has visto antes de clase?
2. ¿Quiénes son para ti las personas que han cambiado el mundo? ¿Por qué?
3. ¿Qué crees que debe hacer una persona para cambiar el mundo?
4. ¿Qué significa 'cambiar el mundo'?

2 Lee los textos y marca a quién hace referencia cada una de las frases: Leonardo (L), Gabriela (G), Nikola (N) o Amelia (A). Luego, da tu opinión y responde a las preguntas.

Leonardo da Vinci

Leonardo **ha sido** hasta este momento una de las mentes más brillantes y versátiles de todos los tiempos. No solo **pintó** uno de los cuadros más enigmáticos que hasta ahora **se ha hecho**, *La Gioconda*, sino que **fue** ingeniero, arquitecto, filósofo... Leonardo da Vinci es, sin lugar a duda, uno de los inventores más importantes que **ha existido** nunca.

Gabriela Mistral

Fue una poeta, diplomática y profesora chilena. **Ha sido** un referente para la literatura hispanoamericana, ya que es la única mujer iberoamericana que **ha obtenido** el Premio Nobel de Literatura. Lo **obtuvo** en 1945. **Fue** maestra del gran Pablo Neruda, poeta que también **recibió** el Premio Nobel de Literatura en 1971. **Luchó** siempre por los derechos de las mujeres.

Nikola Tesla

Ha sido un referente en tecnología eléctrica y comunicaciones, y gracias a él tenemos dispositivos móviles y funcionan los motores de nuestros coches eléctricos. A pesar de sus inventos, **murió** pobre y solo a los 86 años. En su honor, el Sistema Internacional (SI) **ha dado** su nombre a la unidad de densidad de flujo magnético: tesla (T). Durante su vida, Tesla **dominó** más de cinco idiomas.

Amelia Earhart

Ha sido la piloto de avión más famosa de la historia. **Fue** tremendamente atrevida y aventurera. **Ha sido** la primera mujer en cruzar varias veces el Atlántico ella sola. **Murió** en extrañas circunstancias en un vuelo. Su avión **se perdió** en el Pacífico y nunca se **ha encontrado** su cuerpo. Amelia **ha sido** un símbolo de la lucha feminista.

TEMA 9 — 95

1. Fue un símbolo para muchas mujeres.
2. Pintó un misterioso cuadro.
3. Fue maestra de un importantísimo poeta.
4. Fue muy versátil.
5. Cruzó el Atlántico.
6. Puedes usar el móvil gracias a él.
7. Murió pobre.

L	G	N	A

a ¿Por qué crees que hemos elegido a estos cuatro personajes?

b ¿Quitarías alguno? ¿A quién y por qué?

c ¿Quién de los cuatro consideras que ha cambiado más el mundo y por qué?

3 Observa los verbos marcados en los textos y completa la ficha gramatical escribiendo cada uso en el sitio correspondiente.

1. Se utiliza para hablar de experiencias generales.
2. Se utiliza para hablar de acciones terminadas en el pasado sin relacionarlas con el presente.
3. Expresa acciones terminadas en el pasado, pero relacionadas con el presente.
4. Sirve para hablar de experiencias generales con o sin marcador temporal.
5. Sirve para hablar de experiencias generales con marcador temporal.

Pretérito perfecto simple	Pretérito perfecto compuesto

4 Piensa en personajes actuales que crees que van a cambiar el mundo y que serán recordados (pueden ser personas anónimas que tú conozcas). Después, completa la ficha y preséntalos.

Nombre: _____

Profesión:

Nacionalidad:

Características personales:

¿Por qué crees que será recordado?

5 Elige un personaje que, según tu opinión, haya cambiado el mundo y haz una presentación sobre él.

No olvides:
1. Decir por qué ha cambiado el mundo.
2. Explicar qué hizo.
3. Hablar de su personalidad.
4. Contar una curiosidad sobre él.

Repasa lo aprendido en clase.

Después de la clase

Antes de la clase

Escanea el QR y prepárate.

Lección 4
Personas solidarias

1 Presenta las frases que has pensado en la actividad 1 antes de clase. Luego, expresa tu opinión y responde a estas preguntas.

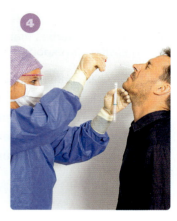

1. ¿Qué personas anónimas conoces que ayuden a los demás?
2. ¿Hay profesiones más solidarias que otras?
3. Durante la pandemia hubo muchas personas solidarias, ¿puedes hablar de alguna?
4. ¿Conoces alguna organización que se dedique a ayudar a los demás o tienes algún amigo voluntario?

2 Escucha a estas cuatro personas que cuentan sus actividades solidarias.
¿Crees que realmente son actividades solidarias? Luego, marca: ¿verdadero (V) o falso (F)?

35

	V	F
1. Andrés es médico.		
2. Andrés va a trabajar menos horas este año.		
3. Marta normalmente es muy solidaria.		
4. Marta se ha sentido muy bien porque ha ayudado a su vecina.		
5. Ramón todos los años va a Perú para ayudar de forma altruista.		
6. El padre de Ramón está malo.		
7. Paula ayuda a los más pobres.		
8. Paola puede ayudar porque no tiene mucho trabajo.		

TEMA 9

3 Escucha de nuevo los audios y marca a quién hace referencia cada una de las frases: Andrés (A), Marta (M), Ramón (R) o Paula (P).

	A	M	R	P
1. Es voluntario en una asociación.				
2. Normalmente no ayuda a los demás.				
3. Todos los meses ayuda en su barrio.				
4. Su profesión ha hecho un gran esfuerzo durante la pandemia.				
5. Este año no ha podido viajar.				
6. Se ha dado cuenta de que es importante ser generoso.				
7. Este año ha cambiado su estilo de vida.				
8. Este mes se ha sentido muy mal.				

4 Lee estos fragmentos de la audición y marca los verbos en presente y en perfecto compuesto: ¿Cuándo se utiliza el presente y cuándo el perfecto? Completa la ficha gramatical con las siguientes palabras.

1 Mi profesión es muy solidaria. Los enfermeros hemos sufrido mucho durante la pandemia, porque todos hemos hecho un gran esfuerzo para ayudar a los que más lo han necesitado. Normalmente hago turnos de 12 horas.

2 Todos los meses voy al comedor social de mi barrio. Este mes no he podido ir porque he tenido mucho trabajo en mi despacho.

3 Esta tarde he ayudado a mi vecina de 80 años y me he sentido genial. Normalmente no hago este tipo de cosas, pero me he dado cuenta de que es importante ser una persona altruista.

4 Pertenezco a una organización que se llama Médicos Sin Fronteras y todos los veranos voy a Perú de voluntario para ayudar a los más desfavorecidos. Pero este verano no he podido ir porque mi padre está enfermo.

hábitos ● terminadas ● gustos ● descripciones

Pretérito perfecto compuesto	Presente
Se usa para hablar de acciones (1) _____. Ejemplo: _____.	Se usa para hablar de (2) _____, para hacer (3) _____ y para expresar (4) _____. Ejemplo: _____.

5 Completa las frases con el verbo en la forma correcta del pretérito perfecto compuesto o del presente. En la última frase, habla de ti.

1. Normalmente mis padres _____ (*ayudar*) a asociaciones benéficas, pero este mes no _____ (*poder*).
2. Todos los días mi hermano y yo _____ (*dar*) un paseo con mi vecina, pero esta semana la _____ (*llevar, nosotros*) al cine.
3. Todas las Navidades _____ (*cocinar, yo*) en un comedor benéfico, pero estas Navidades no _____ (*cocinar*), porque me he roto una pierna.
4. Yo siempre _____, pero este año _____

6 Habla de tus costumbres y después explica un mínimo de tres cambios que han ocurrido respecto a esas costumbres.

PARA AYUDARTE

1. Normalmente... pero este año...
2. Casi siempre... pero ahora...
3. Todos los meses... pero en este momento...
4. Todas las semanas... pero ya no...

Repasa lo aprendido en clase.

Después de la clase

TEMA 10
Necesidad o capricho

Lección 1

¿Dónde compramos?
- Describir los hábitos al hacer la compra e ir de compras (los pronombres de complemento directo)

Lección 2

Recuerdos de los viajes
- Contar las costumbres durante los viajes (los pronombres de complemento directo para hablar de personas)

Lección 3

Motivos para comprar
- Participar en celebraciones y hacer regalos (los pronombres de complemento directo e indirecto)

Lección 4

Compradores compulsivos
- Debatir sobre actitudes como comprador (los dos pronombres de complemento juntos)

¿Cuál es tu actitud ante las compras?
Lee las siguientes opiniones y pensamientos, y relaciónalos con las imágenes. Después, di con cuál estás más de acuerdo.

¿Qué opinas sobre ir de compras?

a. Comprar me alegra en los momentos felices.
b. Lo primero que hago, cuando viajo, es visitar tiendas.
c. Lo barato sale caro.
d. Me gusta mucho ir de compras.
e. No necesito muchas cosas para ser feliz.
f. Cuando me compro muchas cosas, me siento mal.

Antes de la clase

Escanea el QR y prepárate.

Lección 1
¿Dónde compramos?

1 Hacer la compra e ir de compras, ¿lo haces? Responde a las preguntas.
Luego, relaciona: ¿a qué imagen corresponde cada una de las palabras o expresiones resaltadas en las preguntas?

a ¿Te gusta ir de compras? ¿Por qué?

b ¿Te gusta hacer la compra? ¿Por qué?

c ¿Haces las compras en **tiendas** o por **Internet**?

d Para comprar comida, ¿prefieres los **supermercados** o los **mercados**?

e Para ir de compras, ¿vas a un **centro comercial** o te gusta ir de tienda en tienda?

2 ¿Dónde están?
Describe las fotos e identifica el lugar. Luego, escucha los cuatro diálogos y marca a qué foto corresponde cada uno.

36

3 ¿De qué están hablando? Lee la transcripción de los diálogos e imagina a qué hacen referencia las palabras resaltadas. ¿Por qué lo sabes? Finalmente, relaciona.

Diálogo 1

- Luis, ¿dónde **lo** has comprado?
- Pues hace dos semanas **lo** busqué en varias librerías, pero no **lo** encontré en ninguna.
- ¿Entonces?
- Pues **lo** pedí en la librería de mi barrio, porque me lo recomendó el librero.
- ¿Sí?
- Sí, llegó en dos días.

Diálogo 2

- Sí, claro. ¿De qué número **los** quiere?
- Pues un 45.
- Un momento. ¿**Los** quiere ver en otro color? **Los** tenemos también azules, blancos y marrones.
- Me voy a probar estos negros y, si no es molestia, **los** quiero ver también en marrón.
- Por supuesto, un momento por favor.
- Muchas gracias.

Diálogo 3

- ¿De verdad? ¡No me lo creo!
- ¡En serio! ¡Aquí **las** tienes!
- Pero, pero... ¿cuándo **las** has comprado? ¿Por qué no me has dicho nada?
- ¡Porque es una sorpresa! Puff... **las** compré hace cuatro o cinco semanas.
- ¡Ya sabes que es mi grupo preferido y ese concierto va a ser único! Mil gracias.
- De nada...

Diálogo 4

- ¿Y sabe si **la** van a volver a tener pronto?
- No sé, pero si usted quiere, **la** podemos pedir y el fabricante **la** trae a la tienda en unos días.
- ¿Sí? ¿Se puede pedir?
- Claro.
- ¿Y sabe seguro cuándo **la** van a recibir? Es que me voy de viaje a Islandia en diez días y, claro, quiero hacer fotos de la aurora boreal.
- En cuatro días **la** tenemos aquí, no se preocupe.

4 ¿En qué diálogo va cada frase?
Relaciona las frases con los diálogos anteriores.

1. Lo siento, pero no tenemos esa cámara en estos momentos.
2. ¡Carlos, ya tengo el último libro de Anaya!
3. ¡Feliz cumpleaños! Mira... ¡las entradas para ver a The Muse!
4. Buenas tardes, ¿me puedo probar estos zapatos?

5 Trabaja con los pronombres.
Responde utilizando los pronombres personales.

1. ¿Dónde has alquilado el videojuego?
2. ¿Has vendido los libros viejos?
3. ¿Conoces la nueva tienda de segunda mano?
4. ¿Dónde compraste las entradas para el partido?
5. ¿Has encontrado las gafas?
6. ¿Lees cómics habitualmente?
7. ¿Dónde tienes el abrigo que te regalaron?
8. ¿Cuándo compraste esta planta tan bonita?

6 Elige tres de los cinco temas y haz una presentación.
No olvides responder a las preguntas en cada caso.

COMPRAR POR INTERNET O EN TIENDAS
- ¿Qué ventajas tiene comprar por Internet?
- ¿Y qué inconvenientes en comparación con las tiendas?
- ¿Compras de todo por Internet o hay algo que no te da confianza?

HACER REGALOS O RECIBIR REGALOS
- ¿Te gusta hacer regalos? ¿Por qué?
- ¿Prefieres hacer regalos o recibirlos? ¿Por qué?
- ¿Haces regalos en ocasiones especiales o cualquier día es bueno para hacer un regalo?

IR DE COMPRAS: ¿PLACER O TORTURA?
- ¿Te gusta ir de compras?
- Para ti, ¿es una afición o una necesidad?
- ¿Te gusta ir solo o con algún amigo?
- ¿Vas de tiendas o prefieres ir a grandes superficies?

GRANDES SUPERFICIES O PEQUEÑOS COMERCIOS
- ¿Prefieres comprar en grandes almacenes y centros comerciales o en tiendas?
- ¿Te gustan las tiendas de firmas y los comercios familiares?

HAGO LA COMPRA: MIS HÁBITOS
- ¿Con qué frecuencia haces la compra?
- ¿Dónde prefieres comprar: en mercados, supermercados, tiendas de barrio...?
- ¿Haces la compra por Internet?

Repasa lo aprendido en clase.

Después de la clase

Antes de la clase

Escanea el QR y prepárate.

Lección 2
Recuerdos de los viajes

1 Cuenta tus costumbres cuando viajas. Responde a estas preguntas.

1. Cuando haces un viaje, ¿vuelves con muchas compras?
2. ¿Qué compras habitualmente durante tus viajes: recuerdos, alimentos locales, ropa...?
3. ¿Qué compraste en tu último viaje?
4. ¿Coleccionas algo de tus viajes: imanes, camisetas...?

Recuerdos de viajes

Figuras de monumentos

Imanes

Camisetas

Postales

Cerámica tradicional

Llaveros

2 Lee estos fragmentos de experiencias de viajeros. Relaciona los fragmentos con las imágenes.

1. **Lo** visité en su ciudad. Visitamos las ruinas aztecas y compré una calaca para mi hermana.
2. Fue muy divertido porque **las** encontré en una playa del País Vasco por casualidad, fuimos a comer pinchos y ahora somos muy amigos.
3. **Me** llamó hace unos días para venir de visita. Estuvo un fin de semana y visitamos la Alhambra. Allí compró un azulejo para su madre.
4. Martina y Matías **nos** invitaron a su boda. Fuimos a Argentina y en la maleta trajimos dulce de leche, mate, alfajores...
5. **La** conocí en un crucero, nos enamoramos y nos casamos. A los diez años repetimos el crucero y le compramos una cosa muy especial a nuestro futuro bebé.
6. ¿Sabes? **Te** escuché en un programa de radio y, en ese momento, decidí empezar una colección. Hoy, catorce años después, tengo casi 3000 dedales de todo el mundo.

TEMA 10

3 Fíjate en las palabras señaladas. ¿Hacen referencia a cosas o a personas? Observa las frases de la actividad anterior y completa la explicación. Luego, relaciona preguntas y respuestas, y pon los pronombres adecuados en cada caso.

Pronombres CD

El complemento directo (CD) es una cosa o persona que necesitan algunos verbos para que la acción tenga sentido completo.

Para evitar la repetición, el CD se sustituye por pronombres. Cuando es una cosa, se sustituye por *lo, la, los, las*. Cuando el CD es una persona, usamos estos pronombres:

(a mí)		(a nosotros/as)	
(a ti)		(a vosotros/as)	os
(a él)		(a ellos)	los
(a ella)		(a ellas)	

1. ¿Cuándo visteis a Sara y Andrés?
2. ¿Recuerdas cuándo os visitamos por última vez?
3. ¿Habéis escuchado a la guía turística?
4. Oye, ¿no sabes quién soy?
5. ¿Dónde comprasteis esas lámparas? Son preciosas...
6. Creo que voy a ir a la librería que me recomendaste en mi próximo viaje a Madrid.

a. Sí, pero no _____ hemos entendido bien, habla muy rápido.
b. Eeehhh... no, lo siento, no _____ reconozco... ¡Qué vergüenza!
c. Si vas, puedes decir que _____ conoces y seguro que te hacen algún descuento.
d. Pues creo que _____ visitasteis en agosto del año pasado, ¿no?
e. _____ vimos cuando estuvimos en su pueblo de vacaciones.
f. Pues fue cuando estuvimos Rafa y yo en Estambul. Vi las lámparas, _____ miré a él y me dijo: «¡Para la casa!».

4 Lee estas afirmaciones y expresa tu opinión. ¿Con cuál o cuáles te identificas más?

> Cuando viajo a un nuevo país, compro un recuerdo del lugar.

> Cuando hago un viaje, me gusta llevar a casa alguna comida o bebida típica.

> Durante los viajes no compro *souvenirs* ni nada, solo disfruto del viaje y la cultura.

> Siempre que viajo, compro un imán del lugar, porque los colecciono.

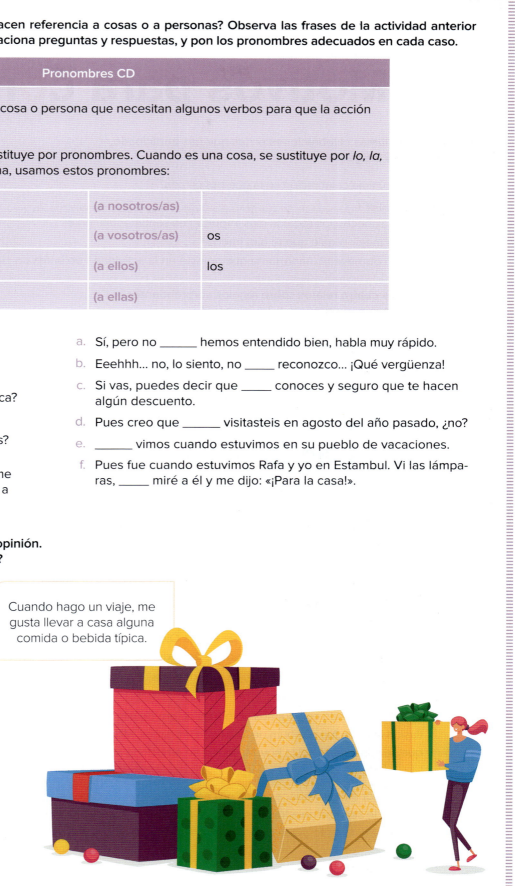

Repasa lo aprendido en clase.

Después de la clase

Antes de la clase

Escanea el QR y prepárate.

Lección 3
Motivos para comprar

1 Recuerda las últimas celebraciones en las que has participado. Responde a las preguntas.

1. ¿Cuál es la última celebración en la que has estado?
2. ¿Qué regalaste?
3. ¿A quién has hecho los regalos más importantes sentimentalmente?
4. ¿Cuál es el mejor regalo que te han hecho?
5. ¿Hay algún otro evento importante que no esté en la actividad 1 de antes de clase?

2 Lee estos cuatro relatos sobre regalos sorprendentes. Luego, marca: ¿verdadero (V) o falso (F)?

29

Inicio   Registrarse   Iniciar sesión

¿Cuál es el mejor regalo que has hecho o te han hecho?

Ayer fue la fiesta de graduación de mi hija Olga.
Mi marido y yo le regalamos un coche de segunda mano y le hizo mucha ilusión, porque se sacó el carné de conducir hace solo un mes.

El sábado pasado celebramos las bodas de oro de mis abuelos. Les regalamos un viaje a Roma, pero lo que más ilusión les hizo fue el álbum de fotos que les dimos. Mi hermana y yo estuvimos buscando fotos de ellos desde que se conocieron hasta hoy. Mi abuela se emocionó mucho cuando lo vio.

A mi mejor amiga, Rebeca, y a mí nos ascendieron en el trabajo el mismo día. Parece increíble, pero es verdad. Ese fin de semana nuestras dos mejores amigas nos dieron una gran sorpresa: nos regalaron una cena en nuestro restaurante favorito. ¿Qué fue lo mejor de esa cena? Que nuestros padres estaban también allí.

El mejor regalo que jamás me han hecho me lo hizo mi novio, se llama Alberto. Me dio una caja con un regalo para los cinco sentidos. Estaba nuestra canción favorita, un álbum de fotos de nuestro primer viaje y tres regalos más que me encantaron.

1. Olga tiene permiso de conducir desde hace mucho tiempo.
2. Los padres de Olga le han regalado un coche nuevo.
3. Los abuelos llevan 25 años casados.
4. El regalo que más les gustó a los abuelos fue un álbum de fotos.
5. Alberto le regaló a su novia un regalo para la vista, para el oído, para el olfato, para el gusto y para el tacto.
6. A Rebeca y a su mejor amiga las despidieron del trabajo.
7. Lo mejor del regalo a Rebeca y a su amiga fue la cena.

	V	F

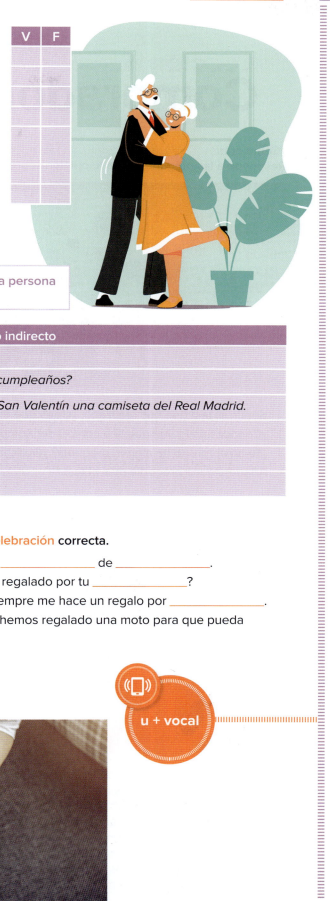

3 Busca en los relatos la información y completa la tabla. Después, escribe ejemplos.

> Usamos los pronombres de complemento indirecto para hablar de la persona o personas que reciben los efectos de la acción del verbo.

Pronombres de complemento indirecto		
A mí		
A ti	te	¿Qué te han regalado por tu cumpleaños?
A él, ella, usted		A Pedro le han regalado por San Valentín una camiseta del Real Madrid.
A nosotros/as		
A vosotros/as	os	
A ellos/as, ustedes		

4 ¿Qué se celebra?
Completa las frases con el pronombre adecuado y el nombre de la celebración correcta.

1. A mis abuelos _____ hemos regalado un viaje a Canarias por sus _____ de _____.
2. Enhorabuena, ya eres la directora de tu oficina. ¿Qué _____ han regalado por tu _____?
3. ¡Es 14 de febrero y no _____ he comprado nada a mi novio! Él siempre me hace un regalo por _____.
4. Mi hijo ha encontrado un _____. Su padre y yo _____ hemos regalado una moto para que pueda moverse sin dificultad.

5 Haz una presentación personal.
Habla sobre el mejor regalo que nunca te han hecho.

u + vocal

No olvides:
1. ¿Quién o quiénes te lo regalaron?
2. ¿Por qué te hicieron ese regalo?
3. ¿Qué era?
4. ¿Por qué te gustó?

Repasa lo aprendido en clase.

Después de la clase

Antes de la clase

Escanea el QR y prepárate.

Lección 4
Compradores compulsivos

1 ¿Cómo eres?
Responde a las preguntas y da tu opinión sobre el test.

1. Según el test que has realizado, ¿crees que eres un comprador compulsivo? ¿Por qué?
2. ¿Conoces a alguien que sea comprador compulsivo?
3. ¿Te ha sorprendido alguna pregunta? ¿Quitarías alguna pregunta?
4. Añade alguna pregunta más al test.

2 Lee estas opiniones sobre la compra compulsiva. ¿Te identificas con alguno?
Luego, escribe una frase verdadera y otra falsa por cada intervención. ¿Adivina tu profesor o profesora las falsas?

30

Me llamo Alicia y tengo 38 años. Mis amigos me dicen que soy adicta a las compras. Yo creo que no es verdad. Puedo ir a un centro comercial y no comprar nada. Además, cuando compro algo, no tengo remordimientos. Es cierto que tengo mucha ropa y varios relojes, pero la mayoría me los han regalado mi madre y mi abuela. También me compro mucha ropa.

Soy Ana y trabajo en una tienda de ropa desde hace 15 años. En mi tienda he visto a gente gastar más de 500 euros en un solo día. Es muy triste, pero yo no puedo hacer nada. Tengo una hija de 19 años y no quiero que su único objetivo sea tener mucha ropa en su armario o tener el teléfono más glamuroso del mundo. Ella tiene mucha ropa, pero la mayoría se la hemos regalado mi marido y yo.

Soy Manuel y soy un adicto a las compras, al igual que mi mujer, Marina. Tenemos una adicción muy seria. No es algo que nos haga felices, porque tenemos muchas deudas y una hija de 30 años que tiene muchos problemas por eso. Mi hija Rebeca siempre nos dice que tenemos que ir a terapia. Nos lo ha pedido muchas veces y esta vez lo vamos a hacer.

Me llamo Andrés y soy adicto a las compras. Sobre todo, compro tecnología. El otro día fue mi cumpleaños y me gasté 1200 euros en una tienda muy conocida de electrónica. Cuando llegué a casa, mi mujer se enfadó muchísimo por el teléfono. Ese era su regalo de cumpleaños. Ella me lo compró hace dos meses y lo tenía guardado para darme una sorpresa.

3 Busca en las intervenciones anteriores dónde se dicen estas cuatro frases.

a. Tenemos una dependencia.

b. Debemos dinero a otras personas.

c. Hice compras por valor de 1200 euros.

d. No me siento mal por comprar ropa.

4 Lee de nuevo las cuatro intervenciones y escribe a qué cosa y a qué persona hacen referencia los pronombres marcados.

Frase	Cosa	Persona
Me los ha regalado mi madre.		A mí
Se la hemos regalado mi marido y yo.		
Nos lo ha pedido muchas veces.		
Me lo compró.	El teléfono	

¡RECUERDA!
El orden de los pronombres es:
1.º complemento indirecto y 2.º complemento directo.
El complemento indirecto de tercera persona cambia de *le* a *se* cuando está al lado del complemento directo:
He comprado un rosa a María. > Se la he comprado.

5 Elige tres de los cinco temas y haz una presentación. No olvides utilizar el vocabulario aprendido.

- Soy un comprador responsable
- Soy un comprador compulsivo
- Compras innecesarias
- Compras compulsivas
- El ahorro

Repasa lo aprendido en clase.

Después de la clase

TEMA 11 Grandes momentos

Lección 1
Fechas importantes
- Hablar de los días festivos nacionales e internacionales (se impersonal)

Lección 2
Las etapas de la vida
- Describir las etapas de la vida (el imperfecto para describir el pasado)

Lección 3
Días que cambiaron mi vida para siempre
- Enumerar acontecimientos y describirlos (contraste entre el perfecto simple y el imperfecto)

Lección 4
Sorprendentes coincidencias
- Relatar en pasado (el imperfecto para expresar simultaneidad)

El calendario de festivos

En todos los países hay días que se celebran de forma especial. Observa estas fiestas del mundo hispano. ¿Las conoces? Mira en el recurso digital y sitúalas en el calendario. ¿Se celebran en tu país las mismas fiestas en los mismos días? ¿Hay otras fiestas? Relaciona las fiestas con las imágenes.

Antes de la clase

Escanea el QR y prepárate.

Lección 1
Fechas importantes

1 Lee las descripciones de seis fiestas españolas y relaciónalas con las imágenes. ¿Conoces otras fiestas españolas o del mundo hispano? Luego, responde a las preguntas.

○ Se recuerda la vida de Jesús con procesiones por las calles. Son muy conocidas e importantes en Andalucía y Castilla y León, entre otras comunidades.

○ Se construyen en papel y madera figuras que hacen críticas sociales y se queman. Se celebra en Valencia.

○ El día 1 de mayo se reivindican los derechos de los trabajadores con actos políticos y manifestaciones en casi todos los países del mundo.

○ La noche del 5 de enero se organiza un desfile en el que los Reyes Magos, que han llegado a la ciudad, tiran caramelos a los niños.

○ Se festeja la alegría, el color, la música... antes de la llegada de la Cuaresma. Es la fiesta de la carne, antes de la fiesta del espíritu (la Semana Santa). Es muy famosa en Tenerife y en Cádiz.

○ En Pamplona, en julio, se celebra una de las fiestas más famosas de España: San Fermín, donde los jóvenes corren en los encierros delante de los toros.

1. ¿Cuáles son las fiestas más importantes de tu país?
2. ¿De qué tipo son las fiestas más populares de tu país: religiosas, históricas, políticas...?
3. ¿Hay alguna fiesta local en tu ciudad?
4. ¿Cómo se celebran los cumpleaños en tu país? ¿Y la Navidad?

2 31 Observa las seis descripciones anteriores, reflexiona y completa la explicación. Luego, pon la forma verbal adecuada en cada caso.

Expresar impersonalidad

Para expresar una acción de forma impersonal, es decir, no hay un sujeto o no es importante, usamos esta estructura:

- _____ + verbo en presente (3.ª persona singular) + nombre singular
- *Se* + verbo en presente (3.ª persona plural) + nombre plural

1. En Navidad _____ (*comer*) turrones y mantecados.
2. Durante la Semana Santa _____ (*organizar*) varias procesiones cada día.
3. En agosto, en Buñol _____ (*celebrar*) la Tomatina, una gran batalla de tomates en la calle.
4. En Alcoy tiene lugar la fiesta de Moros y Cristianos, en la que _____ (*recordar*) una batalla del siglo XIII.
5. El 31 de diciembre en España _____ (*tomar*) 12 uvas para que haya suerte.
6. El 6 de enero _____ (*recibir*) los regalos de Navidad y _____ (*desayunar*) el roscón de Reyes.
7. Para celebrar el cumpleaños _____ (*hacer*) una fiesta con amigos y familiares.
8. En las fiestas, en España _____ (*abrir*) los regalos en el momento que se reciben. No _____ (*guardar*) para el final, como en otros países.

3

Un español habla de la fiesta del Día de Muertos mexicana. Escúchalo. Luego, marca: ¿verdadero (V) o falso (F)?

	V	F
1. El Día de Muertos es una celebración de un día.		
2. Hay un día especial para los niños que murieron.		
3. Se celebra en las casas y en los cementerios.		
4. Se recuerda a los difuntos con sus comidas y bebidas favoritas.		
5. Se ponen altares en las casas.		
6. En México, Halloween ha sustituido al Día de Muertos.		

4

Conoce otras fiestas menos señaladas pero más comunes.
Relaciona. Luego, completa las frases con la forma adecuada de estos verbos.

1. Se recuerda(n)
2. Se toma(n)
3. Se celebra(n)
4. Se organiza(n)

a. Se festeja(n)
b. Se conmemora(n)
c. Se hace(n)
d. Se come(n)

1. En la feria _____ algodón de azúcar.
2. En San Valentín _____ el amor de las parejas.
3. El Día del Orgullo _____ desfiles en las grandes capitales.
4. En muchas fiestas _____ acontecimientos históricos.

5

Haz una presentación personal.
Elige una de las tres fiestas y descríbela.

- Una fiesta de mi ciudad
- Una fiesta de mi país
- Una fiesta internacional que quiero conocer

No olvides decir:
cuándo se celebra, qué se festeja, qué se come, qué se bebe, dónde tiene lugar...

Repasa lo aprendido en clase.

Después de la clase

Antes de la clase

Escanea el QR y prepárate.

Lección 2
Las etapas de la vida

1 ¿Con qué etapa de la vida asocias cada objeto, actividad o lugar? Justifica tus respuestas.

Dime qué haces y te diré cuántos años tienes

1. El teléfono móvil
2. Ir al cine
3. Los videojuegos
4. Los juegos de mesa
5. El banco de un parque
6. La biblioteca
7. El chupete
8. La moto
9. El traje y la corbata
10. El biberón
11. La comida rápida
12. Ir al gimnasio
13. Ver la tele
14. Viajar
15. El coche
16. El columpio
17. Cocinar
18. Ver series
19. Las medicinas
20. Estar en casa

2 Cuatro personas nos relatan una etapa de su vida. Lee los relatos y relaciónalos con una etapa.

Silvia

En esta época **pasaba** todo el tiempo con mis amigos. **Estudiábamos** en la biblioteca por las tardes, **jugábamos** al baloncesto en el equipo del instituto, **hablábamos** y **hablábamos** en el parque... y los fines de semana **salíamos** al cine o a una pizzería. Esta es la época de los cambios y la amistad.

Andrés

Cuando **estudiaba** en primaria, mi familia y yo **vivíamos** en Bilbao. **Tenía** clases por las mañanas y, por las tardes, **estaba** siempre en casa y **jugaba** con mis hermanos. Recuerdo que llovía todos los días y que hacía bastante frío.

Tomás

Lucía y yo **teníamos** 30 años cuando nació Ana y, dos años más tarde, Luis. Lucía y yo **trabajábamos** y los niños estaban en una guardería. Las tardes las **pasábamos** con los pequeños, **dábamos** paseos por el parque, **jugábamos** con ellos, los **bañábamos**... Recuerdo esa época como muy feliz... ¡pero siempre **estábamos** cansados! Ja, ja, ja.

Verónica

Después de la universidad, me mudé a Madrid, donde conseguí mi primer trabajo. Tenía 23 años. **Me levantaba** temprano, trabajaba de 8:30 a 17:00. **Comía** en la cafetería de la empresa y **volvía** a casa a las 18:00. **Entrenaba** en el gimnasio o **nadaba** en la piscina varias tardes por semana y los fines de semana **hacíamos** excursiones a lugares cercanos.

TEMA 11

3 Aprende el pretérito imperfecto.
Observa los verbos resaltados en negrita en los relatos y completa las formas.

	Pretérito imperfecto		
	Verbos -*ar*	Verbos -*er*	Verbos -*ir*
	jug**ar**	ten**er**	viv**ir**
Yo	jug____	ten____	viv____
Tú	jug**abas**	ten**ías**	viv**ías**
Él, ella, usted	jug____	ten____	viv____
Nosotros/as	jug_____	ten____	viv____
Vosotros/as	jug**abais**	ten**íais**	viv**íais**
Ellos/as, ustedes	jug**aban**	ten**ían**	viv**ían**

Se usa el pretérito imperfecto para hablar de hábitos y costumbres en el pasado.

4 Establece comparaciones entre los hábitos pasados y actuales de estas personas.
Observa los pares de imágenes y formula frases.

5 Habla de los hábitos pasados.
Completa el esquema y explícalo.

	En mi infancia	En mi adolescencia	En mi juventud
Por las mañanas			
Por las tardes			
En vacaciones			
Música preferida			
Aficiones			

PARA AYUDARTE

Antes + pretérito imperfecto,
ahora + presente
Antes estudiaba Turismo en la universidad, ahora trabajo en una agencia de viajes.

Repasa lo aprendido en clase.

Después de la clase

Antes de la clase

Escanea el QR y prepárate.

Lección 3
Días que cambiaron mi vida para siempre

1 ¿Qué días importantes recuerdas de la historia reciente? Responde a estas preguntas.

Autobús restaurado en el que se sentó Rosa Parks el 1 de diciembre de 1955 en Montgomery (Alabama).

La East Side Gallery de Berlín conserva restos del antiguo muro que dividía la ciudad en dos hasta su caída el 9 de noviembre de 1989.

Esculturas tailandesas en el hotel Princess Resort & Spa destruido por el tsunami de 2004 y reconstruido.

Memorial a las víctimas del atentado del 11 de septiembre de 2001 situado en la Zona Cero de Nueva York.

Monumento de homenaje a las víctimas del atentado terrorista del 11 de marzo de 2004 en Madrid junto a la estación de Atocha.

El equipo sanitario que actuó durante la pandemia de la COVID-19 en marzo de 2020 recibió el Premio Princesa de Asturias de la Concordia 2020.

1. Según tu opinión, ¿qué días han cambiado el mundo? ¿Qué pasó?
2. ¿Conocías los sucesos de la actividad 1 de antes de clase?
3. Elige una de las fotografías del ejercicio 1 de antes de clase e imagina cómo fue ese día.
4. Habla sobre un día feliz que cambió el mundo.

2 Cuatro personas publican su testimonio de un día muy especial. Lee los testimonios y marca: ¿verdadero (V) o falso (F)?

32

a Me llamo Alicia y mi vida cambió el 11 de marzo de 2004. Eran casi las 8:00 de la mañana y se produjeron diez explosiones simultáneas en cuatro trenes de Madrid. Yo estaba sentada en uno de ellos y tuve más suerte que muchos de los que allí viajaban. De repente, todo se apagó y, cuando desperté, no conocía a nadie. Yo tenía 19 años y ese día mi vida se rompió en mil pedazos.

b Soy Manuel y os voy a hablar de un día muy feliz para mí y para mucha gente. Era el 9 de noviembre de 1989. Yo llevaba muchos años esperando este momento y por fin llegó: era la caída del muro de Berlín. Este muro separó durante 28 años el Berlín occidental del oriental, y tenía 43 kilómetros de longitud. Yo tenía entonces 16 años.

c Soy Olga y creo que nadie puede olvidar el mes de marzo de 2020. Eran las once de la mañana, yo estaba trabajando en la universidad y recibí un correo del rector: en dos horas cerramos la universidad durante, al menos, una semana. Yo estaba muy nerviosa y asustada. Tenía miedo por la salud de mis padres. Era la pandemia mundial de COVID-19 en la que tantas personas murieron. A día de hoy, no he tenido la enfermedad, soy una afortunada.

d Me llamo Antonio. Era el 2 de enero de 2022 a las 16:00 de la tarde y hacía mucho frío. Yo llevaba gorro, abrigo y guantes. Estaba paseando por una calle central de Madrid y en uno de los edificios hubo un incendio. Vi a una chica, tenía 17 años, en el primer piso en la ventana. Estaba muy muy nerviosa y solo gritaba y lloraba. La gente tiró varios colchones por la ventana y Ana, así se llama la chica, saltó. Yo estuve con ella en todo momento hasta que llegaron sus padres. Hoy es una de las mejores amigas de mi hija.

1. El 11 de marzo de 2004 hubo diez explosiones en Madrid.
2. Alicia murió en los atentados.
3. El muro de Berlín estuvo en pie más de cuatro décadas.
4. Cuando el muro cayó, Manuel era apenas un adolescente.
5. Olga no padeció la enfermedad.
6. El rector le envío un mensaje por WhatsApp.
7. La hija de Antonio se llama Ana.
8. Antonio vio fuego en uno de los edificios.

V	F

3 Vuelve a leer los testimonios, observa los usos del pretérito imperfecto y escribe dos ejemplos de los textos. Después, completa las frases.

El imperfecto se usa para:
1. Hablar de la hora en el pasado.
   Ejemplo: _____
2. Hablar de la fecha en el pasado.
   Ejemplo: _____
3. Descripción en el pasado.
   Ejemplo: _____

1. _____ (Ser) las tres de la tarde cuando ocurrió el terremoto.
2. Mi abuela _____ (tener) el pelo largo y _____ (ser) muy delgada.
3. _____ (Ser) un 11 de septiembre cuando se produjeron los atentados.
4. _____ (Hacer) mucho frío y _____ (llevar, yo) un abrigo muy gordo.
5. Murió hace muchos años, _____ (tener) los ojos azules y siempre _____ (estar) contenta.

4 Habla sobre el día más impactante de tu vida. Explica ese día.

No olvides:
1. Decir cuándo ocurrió.
2. Explicar por qué fue impactante.
3. Describir cómo fue ese día.

Repasa lo aprendido en clase.

Después de la clase

Antes de la clase

Escanea el QR y prepárate.

Lección 4
Sorprendentes coincidencias

1 ¿Existen las coincidencias?
Responde a estas preguntas y da tu opinión.

1. ¿Crees en las coincidencias? Justifica tu respuesta.
2. ¿Puedes contar alguna coincidencia de la historia?
3. ¿Puedes contar alguna coincidencia personal?
4. ¿Existen las casualidades?

2 Lee y conoce tres coincidencias históricas.
Luego, marca a qué coincidencia corresponde cada frase o marca ninguna (N).

Coincidencia 1

Summerford era un soldado británico que en 1918 salió volando de su caballo a causa de un rayo que lo dejó paralizado de cintura para abajo. En 1924, mientras pescaba en un río, un rayo cayó en el árbol en el que estaba sentado y le paralizó el lado derecho de su cuerpo. Dos años después, paseaba por el parque y otro rayo lo dejó inmóvil para siempre. Cuatro años después de su muerte, un rayo cayó sobre su tumba y la destrozó. Ninguna otra tumba del cementerio sufrió destrozos.

Coincidencia 2

En 2001 una niña que se llamaba Laura Buxton escribió su nombre y dirección en un trozo de papel y lo metió dentro de un globo de helio. Lo soltó y el globo recorrió 225 kilómetros hasta que llegó a la casa de otra niña que también se llamaba Laura Buxton. Ahora las dos son muy amigas y se llaman casi a diario. Sus padres cuentan que, cuando una jugaba en el jardín con su conejo, la otra jugaba con su perro en su casa. Tienen muchas cosas en común: la misma edad, el pelo largo, los ojos azules y el mismo nombre y apellido.

Coincidencia 3

Entre Abraham Lincoln y John F. Kennedy hay extrañas coincidencias. Lincoln fue elegido presidente en 1846, Kennedy justo 100 años después. Los dos fueron asesinados un viernes, los secretarios de ambos tenían el mismo apellido y las esposas de ambos perdieron un hijo cuando ellos vivían en la Casa Blanca. Hace cinco años dos periodistas muy famosos escribieron un libro sobre su vida. Mientras uno investigaba la vida de Lincoln, el otro recogía datos de la vida de Kennedy.

1. Tienen el mismo nombre, el mismo apellido y comparten otras muchas cosas.
2. Ambos tuvieron un hijo en la Casa Blanca.
3. En cuatro ocasiones le ocurrió algo que es muy improbable que suceda.
4. Se conocieron gracias a una nota de papel.
5. Murieron el mismo día de la semana.
6. Perdió toda la movilidad cuando se cayó de su caballo.

1	2	3	N

3. Observa el cuadro gramatical y completa con ejemplos de los textos. Después, completa las frases.

> **El pretérito imperfecto sirve para expresar simultaneidad en el pasado:**
> 1. *Mientras yo estudiaba, Pedro escuchaba música.*
> 2. *Cuando mi hermana estaba terminando la universidad yo la estaba empezando.*
>
> Ejemplos del texto:
> _____
> _____
> _____
> _____

1. Mientras mi hermano estudiaba, yo...
2. Cuando mi mejor amigo estaba buscando trabajo, yo...
3. Mientras el jefe estaba de vacaciones, los empleados...

4. Observa las imágenes e inventa una historia de coincidencias para cada una. No olvides usar las estructuras de simultaneidad.

5. Investiga y presenta una coincidencia importante en la historia. Puedes hacerla oralmente o por escrito.

ía

Repasa lo aprendido en clase.

Después de la clase

TEMA 12 El mundo del arte

Lección 1

¿Qué es arte?
- Definir qué es arte y qué no lo es (expresiones de opinión y los verbos *ser* y *estar*)

Lección 2

La arquitectura, el arte de construir
- Describir edificios (*ser* y *estar* con adjetivos que cambian de significado)

Lección 3

¿Cómo mirar un cuadro?
- Explicar un cuadro (*estar* + gerundio)

Lección 4

Otras artes
- Dar detalles sobre otras obras de arte (expresiones idiomáticas con *ser* y *estar*)

Seguro que sabes que el cine es el *séptimo arte*, pero ¿cuáles son las seis artes originales?
Haz una lista. Luego, lee y comprueba. ¿Cuál es tu arte favorita?

Las bellas artes

Los griegos antiguos dividían las artes en artes superiores y artes menores. Las artes superiores eran aquellas que permitían gozar las obras por medio de la vista y el oído. Las bellas artes eran seis: arquitectura, escultura, pintura, música (que incluye el teatro, aunque hoy es parte de la literatura), declamación (que incluye la poesía) y danza. Esa es la razón por la que el cine se considera en la actualidad el séptimo arte.

Seis bellas artes clásicas

- Arquitectura
- Danza
- Escultura
- Música
- Pintura
- Literatura

¿Es el teatro un arte independiente de la literatura?

Las artes modernas

- **Cine:** Ricciotto Canudo es el primer teórico del cine en calificar a este como el *séptimo arte*, en su ensayo *Manifiesto de las Siete Artes*, que se publicó en 1914.

- **Fotografía:** es el arte de la captación de imágenes, reales o con propósitos artísticos. Es el *octavo arte*.

- **Cómic:** es calificado por el gran público y los expertos como el *noveno arte* o el arte secuencial.

(Adaptado de https://es.wikipedia.org/wiki/Bellas_artes)

Antes de la clase

Escanea el QR y prepárate.

Lección 1
¿Qué es arte?

1 ¿Puedes relacionar las fotos con las actividades? Luego, clasifícalas. Explica por qué consideras como arte algunas expresiones y otras no.

Pintura	Fotografía	Gastronomía	Escultura	Tatuajes
Decoración	Cómic	Arquitectura	Música	Teatro
Cine	Deporte	Caligrafía	Baile	Moda	Literatura

Es arte	No es arte	Depende de...

TEMA 12

2 ¿Qué es arte?
Lee estas opiniones y di con cuál estás más de acuerdo y por qué.

a. *El arte es una actividad en la que una persona representa, con un objetivo estético, un aspecto de la realidad o un sentimiento. No importa si es grande o pequeño; si lo debemos mirar, escuchar o leer; si lo podemos tocar o no...*

b. *Solo es arte aquello que está en los museos: pinturas, esculturas, instalaciones... o los edificios históricos que están en nuestras ciudades. Es decir, son arte las obras reconocidas.*

c. *Cuando vemos una obra de arte, normalmente vemos fácilmente que es de mármol o de madera; entendemos que es gótico o surrealista; sabemos que el artista es italiano o español; es decir, sabemos de qué está hecho y por quién.*

d. *El arte es, además de estética y mensaje, historia. El arte habla de las costumbres y de las creencias de nuestros antepasados. Un templo que está medio destruido cuenta la historia de un pueblo, los utensilios que están rotos narran las aventuras de quienes los usaron... Lo contemporáneo no es arte, es decoración o diseño.*

3 Fíjate de nuevo en las opiniones y completa la explicación con ejemplos.
Luego, elige entre los verbos *ser* o *estar*.

Ser	**Identidad** Ejemplo: _____		**Material** Ejemplo: _____
	Color, tamaño, forma Ejemplo: _____		**Fecha, hora** Ejemplo: *El Renacimiento fue en los siglos XV y XVI en Europa.*
	Profesión Ejemplo: *Diego de Velázquez fue pintor.*		**Autoría, pertenencia** Ejemplo: *El caballero de la mano en el pecho es de El Greco.*
	Origen, nacionalidad Ejemplo: _____		
Estar	**Circunstancia, resultado de un cambio** Ejemplo: _____		
	Estado de ánimo Ejemplo: *Cuando Goya pintó Saturno devorando a su hijo, estaba deprimido.*		
	Localización Ejemplo: _____		

1. El *David* de Miguel Ángel *es / está* de mármol.
2. *Las Meninas es / está* una pintura de Velázquez que *es / está* en el Museo del Prado.
3. Pablo Picasso *estuvo / fue* un pintor muy famoso, autor de *Guernica*.
4. El comienzo del Surrealismo *estuvo / fue* en los años 20 del siglo XX.
5. En las obras de Van Gogh podemos reconocer que el pintor *estaba / era* enfermo.
6. La Sagrada Familia de Gaudí *es / está* en Barcelona. Las paredes *están / son* muy altas y entra la luz gracias a unas vidrieras que *son / están* de muchos colores.

4 Prepara una definición personal de arte y preséntala.
Incluye ejemplos.

Repasa lo aprendido en clase.

Después de la clase

Antes de la clase

Escanea el QR y prepárate.

Lección 2
La arquitectura, el arte de construir

1 ¿Cuál es tu opinión sobre la arquitectura? Responde a estas preguntas.

1. ¿Te gusta la arquitectura?
2. Cuando viajas, ¿te gusta visitar templos, castillos, palacios, ruinas... o prefieres ir a museos, a la playa u otras actividades?
3. ¿Te fijas en los edificios, su estilo... en tu propia ciudad también o solo cuando viajas? ¿Crees que eso es habitual? ¿Por qué crees que ocurre?
4. ¿Qué tipo de construcciones te gustan: las antiguas o las contemporáneas? ¿Por qué?
5. ¿En qué te fijas cuando ves alguna construcción: en la decoración, en la utilidad, en la antigüedad y el estado...?

2 🎧 41 Escucha lo que cuentan estas personas y escribe el nombre del lugar debajo de cada foto. Después, escucha de nuevo y di a qué lugar corresponde cada afirmación.

 a
 b
 c
 d

1. En la ciudad están muy orgullosos de este edificio porque simboliza la convivencia de las religiones.
2. Es muy rico en detalles y simbología.
3. Es muy bueno visitarlo y estudiarlo para conocer cómo vivían los habitantes de esa época.
4. Las columnas y los arcos representan un bosque de palmeras.
5. Es un templo católico, pero no es una catedral.
6. El aumento de turistas puede ser malo para su conservación.
7. Es un lugar perfecto para las personas que están interesadas en la cultura maya.
8. Durante la visita hay que estar atento a la entrada, es espectacular.

Mezquita-Catedral	Machu Picchu	Museo de Antropología	Sagrada Familia

TEMA 12

3 Los adjetivos que cambian de significado con *ser* o con *estar*.
Completa la explicación con ejemplos de la actividad anterior.

Ser		Estar
Sociable *La guía de la catedral es muy abierta y explica muy bien.*	abierto	**No cerrado** _____
Educado *Todo el personal del museo arqueológico es muy atento.*	atento	**Prestar atención** _____
Beneficioso _____	bueno	**Sabroso** *Me ha gustado mucho, está muy bueno.*
Perjudicial _____	malo	**Enfermo** *Estaba malísimo y no pude visitar las pirámides.*
Arrogante, soberbio *Es un gran arquitecto, pero un poco orgulloso, cree que es el mejor.*	orgulloso	**Feliz por algo o alguien** _____
Hacer algo por beneficio propio *Es muy interesado y solo busca la fama, no la calidad.*	interesado	**Tener interés en algo** _____
Creencia religiosa _____	católico	**(Negativo) Estar enfermo** *No estoy muy católico, por eso no voy a acompañaros durante la visita.*
Tener dinero o cualidades abundantes _____	rico	**Sabroso** *La comida allí estaba muy rica, y cuando salimos del palacio fuimos a cenar al mismo restaurante.*

4 Reescribe usando el verbo *ser* o *estar* y el adjetivo correspondiente.
¿Puedes crear otros ejemplos en los que cambies la forma de expresar lo mismo?

1. Ya está terminado el trabajo sobre la arquitectura renacentista en Italia.
2. La arquitecta no fue a la presentación porque no estaba muy bien de salud.
3. Los alumnos siempre prestan atención a las explicaciones de la clase de Historia del Arte.
4. No fue adecuado lo que dijo la guía turística durante la visita. Nos enfadó mucho.
5. Cuando llegamos a la catedral, leímos que no estaba abierta los lunes y tuvimos que volver al día siguiente.
6. Las iglesias románicas tienen abundantes pinturas en las paredes y los techos.
7. Empezó a trabajar hace ocho meses y todavía le falta experiencia, pero seguro que va a ser un gran arquitecto.
8. En la ciudad estamos muy felices de tener ese edificio histórico tan importante.

5 Presenta un edificio que te gusta.
Sigue el esquema.

- Mi edificio favorito es...
- Está en...
- Es un edificio... religiosos/civil...
- Es un/una...
  - Iglesia/mezquita/catedral...
  - Palacio/castillo/pirámide...
- Me gusta porque es... (descripción)
- La primera vez que lo vi fue...

Repasa lo aprendido en clase.

Después de la clase

Antes de la clase

Escanea el QR y prepárate.

Lección 3
¿Cómo mirar un cuadro?

1 ¿Qué opinas de la pintura?
Responde a estas preguntas y expresa tu opinión.

1. ¿Te gusta la pintura?
2. ¿Te gusta visitar museos? ¿Tienes un museo preferido? ¿Hay algún museo interesante en tu ciudad?
3. ¿Qué tipo de pintura prefieres?
4. ¿Qué pintor o pintores te gustan?

2 Lee estas descripciones y relaciona cada una con la pintura. Luego, completa la información de cada cuadro.

1 Título: *El 3 de mayo en Madrid o Los fusilamientos*
Autor:
Año:
Técnica: Óleo sobre lienzo
Localización: Museo Nacional del Prado, Madrid

2 Título:
Autor:
Año: 1937
Técnica: Óleo sobre lienzo
Localización: Museo Nacional Centro de Arte Reina Sofía, Madrid

3 Título: *Autorretrato con trenzas*
Autor:
Año:
Técnica: Óleo sobre tabla
Localización: Colección A.N. Gelman

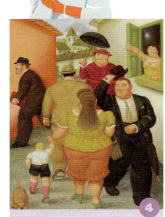

4 Título:
Autor:
Año: 1995
Técnica: Óleo sobre lienzo
Localización: Colección particular

○ Esta pintura de Fernando Botero se llama *La calle* y vemos a varias personas. Un señor **está saludando** a una señora que **está andando** con su hijo. También hay un perro que **está oliendo** el suelo y un sacerdote que **está abriendo** una sombrilla para protegerse del sol. Una mujer **está cerrando** la ventana. Me gusta porque es divertida y dinámica. Los colores son vivos.

○ Esta obra de 1814 presenta un momento histórico: Goya pinta a los soldados de Napoleón que **están matando** a los españoles. Es interesante ver las diferentes reacciones: en el centro un hombre de blanco **está levantando** las manos, detrás otro hombre se **está tapando** los ojos para no ver, hay otro que **está rezando**... Son las diferentes actitudes ante la muerte.

○ *Guernica* es la obra más conocida de Pablo Picasso. Está llena de simbología: vemos un toro que **está mirando** la escena, un caballo que **está pisando** a un soldado que se **está muriendo** en el suelo. Una mujer **está llorando** con su hijo muerto en los brazos... ¡es el horror de la guerra! Pero de la mano del soldado **está naciendo** una flor... ¡Todavía hay esperanza de paz!

○ En este autorretrato de Frida Kahlo de 1940 aparentemente no pasa nada. Frida **está mirando** al espectador sin moverse. Pero hay dos detalles interesantes: Frida lleva un complicado peinado, típico de las mujeres indígenas, pero se **está moviendo**, como signo de libertad personal, y una planta, símbolo mexicano de vida eterna, se **está enredando** en su cuerpo.

3 Conoce *estar* + gerundio.
Observa las descripciones de la actividad anterior y completa la explicación.

Estar + gerundio			
Para hablar de acciones que están en desarrollo.			
Yo	estoy	verbos en **-ar**	gerundio en _____
Tú	estás		
Él, ella, usted	está	verbos en **-er**	gerundio en **-iendo**
Nosotros/as	estamos		
Vosotros/as	estáis	verbos en **-ir**	gerundio en _____
Ellos/as, ustedes	están		

4 Pon el verbo en gerundio. Luego, lee las frases y relaciónalas con las fotos.
Hay una imagen a la que le corresponden dos frases. ¿Sabes cuál es?

1. Un señor está _____ (*leer*) la información del cuadro.
2. Un chico está _____ (*hacer*) una fotografía del cuadro.
3. Un joven está _____ (*explicar*) un cuadro a una amiga.
4. Una niña se está _____ (*poner*) bien los auriculares.
5. Un hombre está _____ (*ver*) información en realidad aumentada.
6. Una mujer está _____ (*mirar*) con mucha atención un detalle del cuadro.
7. Una abuela y su nieta están _____ (*oír*) la audioguía.
8. Una pareja está _____ (*observar*) unos cuadros.

5 Elige un cuadro que te gusta.
Descríbelo.

Antes de la clase

Escanea el QR y prepárate.

Lección 4
Otras artes

1 ¿Arte u objeto decorativo? Expresa tu opinión. Responde a las preguntas.

- **a** ¿Te gusta la escultura?
- **b** ¿Conocías las esculturas de las actividades de antes de clase? ¿Cuál de ellas te transmite más y por qué?
- **c** ¿Te gusta más la escultura o la pintura? Justifica tu respuesta.
- **d** ¿Puedes hablar de alguna escultura que te gusta y no está en las actividades de antes de clase?
- **e** ¿Hay alguna de las esculturas que no te transmite nada? ¿Cuál?

2 Lee las descripciones de cuatro esculturas y escribe frases verdaderas o falsas sobre los textos. ¿Adivina tu profesor o profesora cuáles son las falsas?

35

EL *DAVID* DE MIGUEL ÁNGEL
Realizar esta imponente escultura **no fue pan comido** para su autor, Miguel Ángel. Tardó tres años en esculpirla y mide más de cinco metros. Recuerdo la primera vez que la vi, me emocioné muchísimo al ver algo tan tremendamente perfecto. Las lágrimas me corrían por toda la cara y mi novio me preguntó: «¿Qué te pasa?». Mi respuesta fue simple: **«Soy de carne y hueso»**.

LA *ESTATUA DE LA LIBERTAD*
Es uno de los monumentos más famosos de Nueva York. Fue un regalo del pueblo francés al pueblo estadounidense en 1886, como un signo de amistad entre las dos naciones. Hace tres años fui a verla con mi mejor amiga, Bea, **somos uña y carne**, y nos encantó. Es un símbolo para Estados Unidos que representa la libertad frente a la opresión. Aunque **estaba hecha polvo** por el vuelo, fue una experiencia única.

LA *VENUS DE MILO*
Es una de las esculturas griegas más conocidas y representa a Afrodita (Venus, en la mitología romana). Recuerdo el día en el que mi profesora de Arte la proyectó en clase y me dijo: «Alicia, describe esta escultura». Yo **estaba como un tomate**, pero, según la profesora, no lo hice mal. También le pregunté a mi compañero quién fue el autor de esta obra, pero Pedro siempre **está en las nubes** y respondió que Milo. Yo sabía que no es así.

EL *CRISTO DE CORCOVADO*
Hace cinco años hice un viaje con unos amigos a Brasil. El último día yo **estaba ya hasta las narices** porque hubo demasiados problemas durante las dos semanas de viaje, pero cuando vi el Cristo del Corcovado en Río se me olvidó todo. Es lo más increíble que he visto en mi vida. Mide 38 metros de altura y está situado a 700 metros sobre el nivel del mar. Se inauguró en 1931 después de cinco años de construcción.

TEMA 12

3 Vuelve a leer las descripciones.
Relaciona cada expresión con su significado.

1. Ser pan comido
2. Ser de carne y hueso
3. Ser uña y carne
4. Estar hecho polvo
5. Estar como un tomate
6. Estar en las nubes
7. Estar hasta las narices

a. Estar harto, no poder más.
b. Estar muy cansado.
c. Tener sentimientos, ser humano.
d. Ponerse rojo por vergüenza.
e. Estar despistado.
f. Ser fácil.
g. Estar muy unidos, ser muy amigos.

4 Completa con una de las expresiones idiomáticas estudiadas.
Después, relaciona con una de las imágenes.

1. Ayer Marta se enfadó muchísimo con Juan. Él siempre _____ y le tenemos que repetir todo muchas veces, porque no presta ninguna atención.
2. Hace tres años que empecé a estudiar chino y no _____, todavía estoy en un nivel A1.
3. ¡_____ de este calor! Llevamos un mes con 38 grados y muchísima humedad.

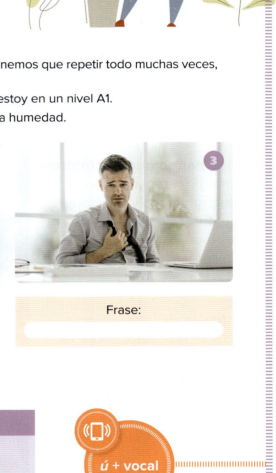

Frase: Frase: Frase:

5 Elige dos de los siguientes temas y haz una presentación.
Sigue las indicaciones de cada uno.

Una obra que te gusta
a. ¿Cómo se llama?
b. ¿Quién es el autor?
c. ¿En qué fecha se creó?
d. ¿De qué estilo es?
e. Descríbela.
f. ¿Por qué te gusta?
g. ¿Cuándo la viste por primera vez?

Un museo que te gusta
a. ¿Cómo se llama?
b. ¿Dónde está?
c. ¿Qué tipo de arte se expone?
d. ¿Qué obras importantes hay?
e. ¿Por qué te gusta?
f. ¿Cuántas veces lo has visitado?

Un artista que te gusta
a. ¿Cómo se llama?
b. ¿De dónde es?
c. ¿En qué época vivió?
d. ¿Qué estilo tenía?
e. ¿Cuáles son las obras más importantes?
f. ¿Por qué te gusta?

Un estilo que te gusta
a. ¿Qué estilo es?
b. ¿Qué características tiene?
c. ¿Qué artistas lo representan?
d. ¿Qué obras son de ese estilo?
e. ¿Por qué te gusta?

ú + vocal

Repasa lo aprendido en clase.

Después de la clase

TEMA 13 Vivir el futuro

Lección 1

El futuro del planeta
- Hacer predicciones sobre la supervivencia del planeta y el medioambiente (el futuro simple)

Lección 2

Imaginando nuestro futuro
- Imaginar los avances tecnológicos y los viajes (el futuro simple de los verbos irregulares)

Lección 3

El futuro de la tecnología
- Hacer hipótesis sobre el cambio en la vida que supondrán los avances tecnológicos (las oraciones condicionales de futuro)

Lección 4

Los inventos del futuro
- Describir y opinar sobre los nuevos inventos y su utilidad real (la formación de sustantivos compuestos)

¿Qué es el futuro? ¿Cómo será? ¿Eres optimista o pesimista?
Lee estas frases sobre el futuro, marca las tres que más te gustan y di por qué.

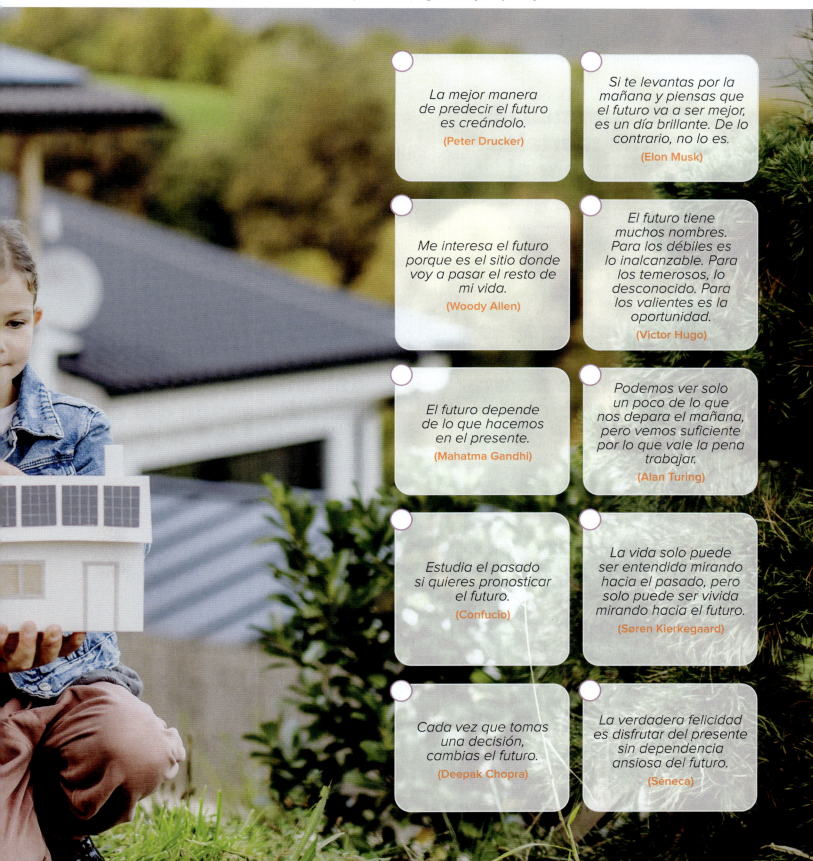

La mejor manera de predecir el futuro es creándolo.
(Peter Drucker)

Si te levantas por la mañana y piensas que el futuro va a ser mejor, es un día brillante. De lo contrario, no lo es.
(Elon Musk)

Me interesa el futuro porque es el sitio donde voy a pasar el resto de mi vida.
(Woody Allen)

El futuro tiene muchos nombres. Para los débiles es lo inalcanzable. Para los temerosos, lo desconocido. Para los valientes es la oportunidad.
(Victor Hugo)

El futuro depende de lo que hacemos en el presente.
(Mahatma Gandhi)

Podemos ver solo un poco de lo que nos depara el mañana, pero vemos suficiente por lo que vale la pena trabajar.
(Alan Turing)

Estudia el pasado si quieres pronosticar el futuro.
(Confucio)

La vida solo puede ser entendida mirando hacia el pasado, pero solo puede ser vivida mirando hacia el futuro.
(Søren Kierkegaard)

Cada vez que tomas una decisión, cambias el futuro.
(Deepak Chopra)

La verdadera felicidad es disfrutar del presente sin dependencia ansiosa del futuro.
(Séneca)

Antes de la clase

Escanea el QR y prepárate.

Lección 1
El futuro del planeta

1 Completa estos titulares de prensa con palabras y expresiones que has aprendido antes de clase. Luego, di con qué problemas o soluciones que has visto antes de clase lo relacionas y por qué.

SOCIEDAD

Cuatro enfermedades que serán mortales en el futuro por el _____ global

(Adaptado de https://diariodeavisos.elespanol.com/2022/08/enfermedades-mortales)

MEDIOAMBIENTE

China fabricará nubes para provocar lluvias artificiales y así hacer frente a la _____

(Adaptado de www.lavanguardia.com/natural/20220822/8477558/china-fabrica-nubes-provocar-lluvias-artificiales-asi-frente-sequia-severa.html)

INTERNACIONAL

Francia reducirá los permisos para vuelos privados para ahorrar energía y reducir las _____ de CO$_2$

(Adaptado de www.antena3.com/noticias/mundo/francia-planea-limitar-vuelos-privados-ahorrar-energia-reducir-emisiones-dioxido-carbono)

ACTUALIDAD

Plan de _____ energético: ¿También deberemos poner el aire acondicionado del coche a 27 grados?

(Adaptado de www.elperiodico.com/es/motor/20220821/plan-ahorro-energetico-temperatura-coche-grados-aire-acondicionado-dv-14267505)

---

2 Vuelve a las noticias anteriores. ¿Hablan del presente, del pasado o del futuro? ¿Por qué lo sabes? Observa la nueva forma verbal, reflexiona y completa la tabla.

Futuro simple	
Se forma con el infinitivo + la terminación del futuro. Todos los verbos (*-ar*, *-er*, *-ir*) tienen la misma terminación.	
Yo	fabricar**é**
Tú	emitir**ás**
Él, ella, usted	reducir_____
Nosotros/as	deber_____
Vosotros/as	reciclar**éis**
Ellos/as, ustedes	ser_____

TEMA 13

3 Conoce otras opiniones sobre el futuro.
Completa con el verbo en futuro y relaciona.

1. El aumento de la temperatura del planeta...
2. Con las emisiones de CO_2...
3. El calentamiento global (*producir*)...
4. Con el aumento del reciclaje...
5. Socialmente, el consumo responsable (*favorecer*)...

a. ... (*ser*) más grave el efecto invernadero y (*aumentar*) las catástrofes naturales.
b. ... (*reducir, nosotros*) el consumo de energía y de materias primas.
c. ... a los productores locales y, globalmente, (*evitar*) guerras por conseguir determinadas materias primas.
d. ... (*provocar*) la desaparición de materias primas y de especies de animales.
e. ... el deshielo de los polos, (*subir*) el nivel del mar y muchas islas y costas (*estar*) en peligro de desaparición.

4 Y tú, ¿qué haces para ayudar al planeta?
Completa esta tabla y explícala.

Ámbito	Mi autoevaluación	¿Qué hago?	¿Qué voy a hacer? ¿Qué conseguiré?
1. Reciclaje	☆☆☆☆☆		
2. Ahorro energético	☆☆☆☆☆		
3. Consumo responsable	☆☆☆☆☆		

5 Vamos a intentar no ver el futuro de forma pesimista. Para ello, redacta cuatro titulares optimistas sobre el futuro del planeta. Puedes inspirarte en las noticias de la actividad 1 o tomar ideas de la actividad 3. Luego, preséntalas. ¿Qué hay que hacer para conseguir que esas noticias sean verdad?

Repasa lo aprendido en clase.

Después de la clase

Antes de la clase

Escanea el QR y prepárate.

Lección 2
Imaginando nuestro futuro

1 Imagina los viajes del futuro.
Da tu opinión y responde a estas preguntas.

1. ¿Te gusta viajar? ¿Qué es lo que más te gusta y lo que menos te gusta de viajar?
2. ¿Qué crees que debe mejorar para tener mejores experiencias cuando viajamos?
   - ¿Los medios de transporte?
   - ¿El alojamiento?
   - ¿Las visitas y las excursiones?
   - ¿Los destinos?
3. ¿Cómo crees que serán los viajes en el futuro?

2 ¿Cómo serán los viajes en el año 2040? Marca si crees que serán ciertas cada una de estas afirmaciones. Luego, escucha y comprueba. ¿Has acertado?

43

	Sí	No

1. **Podremos** imprimir ropa y zapatos en impresoras 3D en los hoteles.
2. **Vendrán** extraterrestres a hacer turismo a nuestro planeta.
3. **Habrá** sistemas de reconocimiento facial en lugar del control de pasaportes.
4. Los hoteles **tendrán** robots para atendernos. No **habrá** personas.
5. La gente **hará** viajes a la Luna, porque será muy barato.
6. **Saldrás** a la hora siempre. No sufrirás cancelaciones ni retrasos en tus vuelos.

3 Conoce los verbos irregulares en futuro.
Observa las frases anteriores y completa la tabla con los verbos.

Futuro Simple, verbos irregulares			
Infinitivo	Futuro	Infinitivo	Futuro
	querré, querrás...	Venir	
	diré, dirás...	Salir	
Poder			sabré, sabrás...
	pondré, pondrás...	Haber	
Tener			valdré, valdrás...
Hacer			cabré, cabrás...

TEMA 13

4 Completa estas otras ideas sobre cómo serán los viajes con el verbo en la forma adecuada del futuro. ¿Qué idea te parece más interesante?

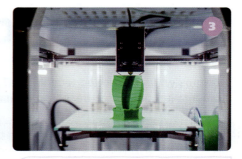

En muchos países _____ (*haber*) trenes de superalta velocidad, que viajarán a más de 200 km/h.

Los viajeros del futuro _____ (*poder*) enviar su equipaje al hotel antes de llegar y, de esa forma, _____ (*saber*) que lo tienen todo preparado a su llegada.

Después de nuestra estancia en un hotel, _____ (*salir*) para volver a casa y el hotel _____ (*reciclar*) la ropa con impresoras 3D.

Según el 10% de las personas encuestadas, en menos de 50 años _____ (*tener*) más conocimientos y la posibilidad de viajar en el tiempo.

En el futuro, viajar _____ (*valer*) menos que ahora porque los viajes *low cost* _____ (*ser*) más y de mejor calidad gracias a la tecnología.

Las compañías _____ (*hacer*) cruceros más sostenibles al organizarlos con las ciudades inteligentes y aprovechar las sinergias.

5 A lo largo de esta lección han aparecido muchas predicciones sobre los viajes en el futuro. Vuelve a las actividades 2, 3 y 4 y encuéntralas, toma nota de cinco de ellas y expresa tu opinión personal, respondiendo a las preguntas.

Predicciones	¿Crees que serán posibles realmente?	¿Qué ventajas crees que tendrán?	¿Qué inconvenientes pueden provocar?

Repasa lo aprendido en clase.

Después de la clase

Antes de la clase

Escanea el QR y prepárate.

Lección 3
El futuro de la tecnología

1 ¿Vivimos en una sociedad tecnológica?
Comenta las siguientes frases y expresa tu opinión.

a ¿Por qué la tecnología nos quita trabajo pero no aporta felicidad? La respuesta es esta: porque no hemos aprendido a usarla.

b Vivimos en una sociedad dependiente de la ciencia y de la tecnología, pero nadie sabe nada sobre ella.

c ¿Qué somos las personas sino máquinas muy evolucionadas?

2 Recuerda el vocabulario que viste en la actividad 2 de antes de clase.
Lee estas cuatro noticias y, luego, marca a qué hace referencia cada frase.

INTERNET DE LAS COSAS (IdC)
La nevera de Mario está vacía, así que la nevera se pone en contacto con su supermercado para que su servidor le lleve los alimentos a su casa. El internet de las cosas ya está aquí, pero evolucionará mucho más. Se compone de dispositivos que se conectan a Internet y comparten datos entre sí. En un futuro, todos los electrodomésticos de la casa estarán conectados, y las ciudades también serán inteligentes y ofrecerán una mayor seguridad a sus habitantes. Si la inteligencia artificial sigue así, las personas cada vez harán menos falta.

LA REALIDAD VIRTUAL
Es un entorno de escenas y objetos que parecen reales y crean en el usuario la sensación de estar inmerso en él. Se genera a través de dispositivos electrónicos, como gafas de realidad virtual. La realidad virtual tiene aplicaciones en diferentes ámbitos, pero en el futuro el más deseado será en el ámbito de la medicina. Si los médicos utilizan la realidad virtual, se reducirán las prácticas con pacientes reales y con animales. Además, habrá menos riesgo en las operaciones quirúrgicas.

VEHÍCULOS AUTÓNOMOS
Es un vehículo capaz de desplazarse sin la necesidad de intervención humana. Si las carreteras se llenan de este tipo de vehículos, habrá menos accidentes de tráfico. Otra de las ventajas es que los pasajeros podrán aprovechar su tiempo mientras el vehículo te lleva a tu destino. El conductor, con un solo clic, aparecerá en el destino que elija sin necesidad de tocar el volante, pero también hay desventajas: estos vehículos no pueden reaccionar ante situaciones inesperadas mientras que los humanos sí.

ROBOTS
Los robots son ya una herramienta que podemos usar en nuestra vida diaria, hay robots que ayudan a contar el material de las tiendas, otros que asisten a personas para tomar determinadas decisiones y, en el futuro, por poner un ejemplo, habrá robots enfermeros que podrán curarnos y atender otras cuestiones sanitarias. Es normal pensar que, si la robótica sigue avanzando, estas máquinas nos quitarán nuestros trabajos. Un estudio pronostica que, en el año 2030, entre 400 y 800 millones de personas serán desplazadas por robots. El paro subirá de forma considerable.

TEMA 13

	Internet de las cosas	Realidad virtual	Vehículos autónomos	Robots
1. Ayudará en el ámbito de la medicina.				
2. Con ellos habrá menos accidentes de tráfico.				
3. Los ciudadanos estarán más tranquilos en sus ciudades.				
4. Algunos realizarán labores sanitarias.				
5. El frigorífico podrá hacerte la compra.				
6. No pueden dar respuestas a situaciones que no están programadas.				
7. En pocos años sustituirán a muchas personas en sus trabajos.				
8. Se utilizarán menos animales para la investigación.				

3 Observa el cuadro gramatical y completa. Después, termina las frases.

> *Si* + presente de indicativo, + _____
> Se usa para expresar una condición real o _____ referida al futuro.
>
> Ejemplos del texto:
> 1. *Si la robótica sigue avanzando, estas máquinas nos quitarán nuestros trabajos.*
> 2. _____
> 3. _____
> 4. _____

1. Si desaparecen los coches con conductores, _____.
2. Si los robots cada vez están más presentes, _____.
3. Si todos los electrodomésticos de tu casa están conectados, _____.
4. Si los médicos pueden operar con realidad virtual, _____.

4 Vuelve a leer las noticias y relaciona cada palabra con su significado. Después, completa las frases con una de las palabras.

1. Entorno   a. Intervención realizada por un cirujano con intención curativa.
2. Operaciones quirúrgicas   b. Que viaja en un vehículo.
3. Vehículo   c. Automóvil, coche.
4. Pasajero   d. Lo que está alrededor.
5. Paro   e. Situación del que se encuentra sin trabajo.

1. Desgraciadamente, muchos jóvenes están en _____ a pesar de estar muy formados.
2. En el futuro, las máquinas realizarán _____ en los quirófanos.
3. Me pone nerviosa no ver _____ en un _____ autónomo. No me da seguridad.

5 Prepara una presentación sobre uno de los cuatro temas que te proponemos. No olvides utilizar la estructura *si* + presente, + futuro.

- El internet de las cosas
- La realidad virtual
- Los vehículos autónomos
- Los robots

Repasa lo aprendido en clase.

Después de la clase

Antes de la clase

Escanea el QR y prepárate.

Lección 4
Los inventos del futuro

1 ¿Qué opinas de los inventos de antes de clase?
Responde las preguntas y da tu opinión.

1. ¿Cuál de los inventos anteriores te parece más importante? ¿Por qué?
2. ¿Cuál es para ti el invento más importante de la historia de la humanidad?
3. Nombra algunos inventos que no estén en los ejercicios de antes de clase y explica por qué son importantes.
4. ¿Qué está por inventar o por descubrir?

2 Lee los anuncios y escribe las palabras marcadas junto a su definición. Luego, crea frases verdaderas o falsas: ¿adivina tu profesor o profesora las falsas? Finalmente, responde a las preguntas.

El rallamantequillas

Ya no tendrás que esperar para que tu mantequilla esté **blanda** y poder **untarla** en el pan. Con el rallador de mantequilla no habrá esperas. No importa que la mantequilla esté dura, podrás untarla al instante.

Los pisahierbas

Con estas sandalias parecerá que estás pisando el **césped** de un jardín. El único problema es que tendrás que regarlo para poder mantenerlas.

Los andaperros

¿Estás cansado de que tu perro vuelva a casa con las patas **mojadas** cuando llueve? Esto se acabó. Con estas botas especiales para ellos no se volverán a mojar nunca y, así, con este invento, tu suelo estará limpio siempre.

El portacarros

¿Quieres pasear a tu bebé al mismo tiempo que haces deporte? Con este carrito **patinete** podrás mantenerte en forma a la vez que paseas a tu bebé. Además, es perfecto para esas mañanas en las que tienes mucha **prisa**.

1. Que no está seco.
2. Necesidad de hacer algo con urgencia.
3. Lo contrario de duro.
4. Extender superficialmente mantequilla, mermelada u otra materia sobre algo.
5. Hierba
6. Juguete que consiste en una tabla con ruedas.

a ¿Cuál de los inventos te parece más absurdo? ¿Por qué?

b ¿Cuál de ellos te parece más útil? ¿Por qué?

TEMA 13 — 137

3 Observa los nombres de los inventos y completa el cuadro.
Después, escribe la palabra compuesta a la que hace referencia la definición.

El sacapuntas

El abrelatas

El paraguas

Las palabras compuestas se forman con el verbo en _____ persona del _____ del _____ de indicativo + sustantivo en _____.

1. Sirve para sacar el tapón de una botella de vino. Pista: el tapón de una botella de vino está hecho de corcho.
2. Es un edificio muy muy alto que casi rasca el cielo.
3. Sirve para pintarse los labios.
4. Sirve para cortarse las uñas.
5. Sirve para pintar tus uñas de colores.
6. Es la máquina que sirve para lavar la vajilla.

4 ¿Cuáles serán los inventos más raros del futuro? Observa y forma palabras compuestas que definan inventos raros. No olvides explicar para qué sirven.

Ejemplo: *El detectapiojos servirá para saber cuándo sus hijos tienen piojos con tan solo ponerlo encima de su pelo.*

Limpiar	Envolver	piojo	periódico
Pelar	Detectar	problema	regalo
Rascar	Solucionar	desayuno	pipa
Cocinar	Leer	pie	gamba

5 Prepara una presentación sobre uno de estos cuatro inventos o descubrimientos. ¿Cuál te parece más importante?

a. El fuego

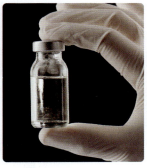
b. La penicilina

c. El papel

d. La rueda

Repasa lo aprendido en clase.

Después de la clase

TEMA 14 El mundo del deporte

Lección 1

Deportes individuales, deportes de equipo
- Describir los deportes (las preposiciones con valor espacial y otros valores abstractos)

Lección 2

¿Practicas algún deporte?
- Indicar qué deportes se practican, cuándo se empezó y el proceso (perífrasis con infinitivo)

Lección 3

Deportistas solidarios
- Presentar a deportistas únicos por sus logros y por sus cualidades humanas (las perífrasis de obligación con infinitivo)

Lección 4

Los valores del deporte
- Explicar los valores del deporte no solo físicos, sino sobre todo educativos (los conectores del discurso)

¿Qué es para ti el deporte? ¿Conoces frases célebres de algún deportista?
Lee estas frases de deportistas internacionalmente conocidos. ¿Estás de acuerdo con ellas? Justifica tu respuesta.

Soy el más grande. Me lo dije incluso a mí mismo cuando no sabía que lo era.
Muhammad Ali

No preguntes lo que tus compañeros de equipo pueden hacer por ti. Pregúntate qué puedes hacer tú por tus compañeros de equipo.
Magic Johnson

Lo que me ha formado como persona es el deporte. He aprendido a ganar y a celebrarlo con moderación, y también he aprendido la dureza de la derrota.
Pep Guardiola

Lo que más satisfecho me deja es la evolución, superar una situación complicada.
Rafa Nadal

Antes de la clase

Escanea el QR y prepárate.

Lección 1
Deportes individuales, deportes de equipo

1 Tú y el deporte.
Responde a estas preguntas y da tu opinión.

1. ¿Te gusta el deporte? ¿Prefieres verlo como espectador o practicarlo?
2. ¿Qué deportes practicas?
3. De las historias que has leído antes de clase, ¿cuál te ha sorprendido más?
4. ¿Tienes algún deporte, deportista o equipo preferido? ¿Cuál o cuáles?
5. ¿Prefieres los deportes individuales o de equipo? ¿Por qué?

2 Lee el principio de este artículo y responde a la última pregunta.
Luego, lee el artículo completo que te presenta tu profesor o profesora y haz las actividades.

37

INICIO / DEPORTE / CONTACTO   Buscar ▯

El deporte ocupa una importante parte en nuestras vidas: lo practicamos para mejorar nuestra salud y por diversión; lo vemos en la televisión o vamos al estadio con nuestros amigos para divertirnos; somos seguidores de algún equipo o deportista desde pequeños y vivimos sus partidos o carreras con pasión. Pero ¿cuáles son los acontecimientos deportivos más importantes del mundo?

3 Vuelve al artículo y busca ejemplos para completar la tabla. Luego, completa los textos con las preposiciones que faltan.

Preposiciones		
Preposición	Usos	Ejemplo
a	Destino	
	Verbo *a* + persona	
con	Junto, en compañía	
contra	Opuesto a	
de	Origen, materia	
desde	Punto origen	
en	Localización	
hasta	Punto final	
para	Propósito	
por	Causa	
	Medio	*Por televisión, por Internet.*
sin	Que falta algo	

1. Me encantan los Juegos Olímpicos. _____ pequeño los veo por televisión. Antes, _____ mi padre, ahora _____ mis hijos. Siempre nos emocionamos cuando vemos a los deportistas esforzándose al máximo.

2. Roland Garros es el torneo más emocionante para los españoles. Hemos visto _____ Rafa Nadal ganar muchas veces _____ los mejores jugadores de la historia: Federer, Djokovic...

3. Siempre voy _____ el estadio a ver los partidos de mi equipo _____ mis amigos y mis primos. Animamos _____ los jugadores, cantamos, nos divertimos mucho.

4. _____ China _____ Argentina, todo el mundo se para cuando hay un clásico. Real Madrid _____ Barça es el partido más importante. No importa si es un partido _____ calidad, porque siempre son partidos _____ mucha intensidad y pasión.

5. Yo no sé montar _____ bicicleta, pero me gusta mucho ver el Tour _____ Francia y el Giro _____ Italia, porque es sorprendente el esfuerzo que hacen los ciclistas. Creo que es uno de los deportes más duros y deben hacer mucho sacrificio _____ conseguir una victoria.

6. Cuando era adolescente gané varias medallas _____ oro y _____ plata en natación. Casi fui profesional, pero _____ que empecé en la universidad fue imposible estudiar y competir. Ahora veo todas las competiciones _____ la tele.

4 Elige tres de estas cinco preguntas y realiza una presentación explicando tus preferencias y tus experiencias. Busca argumentos a favor y en contra de cada aspecto y justifica tu elección en cada caso.

- ¿Deportes individuales o deportes de equipo?
- ¿Deportes de motor o deportes de pelota?
- ¿Practicar deporte o ver deporte?
- ¿Juegos Olímpicos de verano o de invierno?
- ¿Deporte por televisión o en el estadio?

Repasa lo aprendido en clase.

Después de la clase

Antes de la clase

Escanea el QR y prepárate.

Lección 2
¿Practicas algún deporte?

1 Comenta las siguientes frases.
¿Conoces a los deportistas que las dijeron? ¿Qué deporte practican?

1. «Los récords están para ser superados».
   Michael Schumacher

2. «Tus probabilidades de éxito aumentan cada vez que lo intentas».
   Mireia Belmonte

3. «Mi peor rival es el próximo».
   Rafa Nadal

4. «El deporte te abre muchas puertas y te da grandes oportunidades».
   Nadia Comaneci

2 Escucha a cuatro personas hablando de un deportista distinto.
Escucha los audios y marca: ¿verdadero (V) o falso (F)?

44

1. Adriana Cerezo ha ganado tres medallas.
2. Adriana Cerezo ganó una medalla de oro siendo menor de edad.
3. María Vicente no es española.
4. El heptatlón consta de siete pruebas.
5. Fernando Alonso es nadador.
6. Fernando Alonso no es una persona feliz.
7. Ricky Rubio juega en la NBA.
8. Ricky Rubio ha participado en los Juegos Olímpicos de China.

V	F

TEMA 14

3 Lee las frases y vuelve a escuchar el audio: ¿A qué deportista pertenece cada una?
Luego, observa las perífrasis y completa la tabla con una de las palabras que se proponen.

1. Acababa de cumplir 17 años cuando...
2. Lo ganó en 2005 y lo volvió a ganar en 2006.
3. No deja de obtener premios.
4. Ha tenido que renunciar a muchas cosas.
5. Ha llegado a ser un jugador reconocido mundialmente.
6. Comenzó a jugar a los 14 años.

repetición • interrupción • inicio • terminada
esfuerzo • obligación

Acabar de + infinitivo	Acción _____ recientemente.
Volver a + infinitivo	_____ de una acción.
(No) dejar de + infinitivo	_____ de una acción.
Tener que + infinitivo	_____
Llegar a ser + sustantivo/adjetivo	Resultado de un _____ profesional.
Comenzar a + infinitivo	_____ de una acción.

4 Completa con una de estas perífrasis.
Después, responde a las preguntas.

1. tener que
2. acabar de
3. comenzar a

1. Rafa Nadal _____ entrenar cuatro horas al día.
2. Serena Williams _____ jugar de forma profesional cuando tenía 14 años.
3. Muchos deportistas _____ renunciar a su familia para poder dedicarse al deporte.
4. Fernando Alonso _____ ganar un premio internacional hace un mes.
5. _____ esforzarte más si quieres llegar a ser un profesional de este deporte.

a. ¿Crees que algunos deportes tienen más prestigio que otros? ¿Por qué? ¿Te parece justo? ¿Puedes poner algunos ejemplos?
b. ¿Qué beneficios aporta el deporte?
c. ¿Se deben permitir los deportes de riesgo? ¿Por qué?
d. ¿Son mejores los deportes individuales o aquellos que se practican en equipo? Justifica tu respuesta.

5 ¿Cuál es tu deporte y deportista favoritos?
Prepara una presentación sobre un deporte que te guste especialmente.

No olvides:
1. Presentar el deporte: en qué consiste, cómo se practica, reglas...
2. Hablar de una figura representativa de ese deporte.
3. Explicar por qué te gusta.

Repasa lo aprendido en clase.

Después de la clase

Antes de la clase

Escanea el QR y prepárate.

Lección 3
Deportistas solidarios

1 ¿Qué es para ti la solidaridad?
Responde a las preguntas y da tu opinión.

- **a** ¿Puedes hablar de personas solidarias no conocidas?
- **b** ¿Te consideras una persona solidaria? Justifica tu respuesta.
- **c** ¿Puedes hablar de deportistas solidarios?
- **d** ¿Y de otros famosos solidarios?

2 Conoce a cuatro deportistas solidarios.
Lee y marca con una cruz a quién hace referencia.

CRISTIANO RONALDO

Es considerado uno de los deportistas más solidarios del mundo. Es cierto que su imagen no le ha acompañado y no despierta demasiada simpatía entre los aficionados, pero hay que valorar que siempre está dispuesto a ayudar a los más desfavorecidos. En 2014 donó 60 000 euros a un niño de diez años que necesitaba una cirugía en el cerebro.

SERENA WILLIAMS

La mejor tenista de todos los tiempos es embajadora de Unicef y apoya a los niños más desfavorecidos para que tengan acceso a la educación. Ella siempre ha pensado que debemos ser solidarios y generosos con los que menos tienen. Durante la pandemia donó cuatro millones de mascarillas a los colegios de Estados Unidos y lo volvió a hacer seis meses después.

USAIN BOLT

El atleta jamaicano es una persona tremendamente solidaria. Son muchas las ocasiones en las que ha donado dinero: en el terremoto de 2008 de China, en el huracán de 2016 de Haití y en otras tantas catástrofes naturales. En varios eventos benéficos ha donado parte de su equipo deportivo para causas solidarias. Tiene once títulos mundiales y ocho olímpicos. Una curiosidad: antes de competir tiene que comer *nuggets* de pollo; si no lo hace, no puede correr.

PAU GASOL

Hay que reconocer que es uno de los mejores baloncestistas de todos los tiempos. Además, es una persona tremendamente solidaria. Es embajador de Unicef y también ha creado junto con su hermano, el famoso jugador de baloncesto Marc Gasol, una asociación benéfica infantil. Ha luchado contra la desnutrición infantil.

TEMA 14

	Cristiano	Serena	Usain	Pau
1. Ayudó durante la COVID.				
2. Tiene una manía antes de competir.				
3. Ayuda a los más pequeños.				
4. No tiene buena fama.				
5. Ayuda a que los niños tengan acceso a la educación.				
6. Donó dinero para operar a un niño.				
7. Ha conseguido medalla ocho veces en las Olimpiadas.				
8. Su hermano también es un deportista famoso.				

3 Vuelve a leer los textos y completa la tabla con una de las palabras del recuadro. Después, escribe ejemplos de los textos y otros creados por ti.

Perífrasis de obligación	
Las perífrasis de obligación expresan una obligación o una _____	
impersonal moral necesidad	
Perífrasis	**Significado**
Tener que + infinitivo	Expresa una obligación de forma general.
Deber + infinitivo	Expresa una obligación _____
Hay que + infinitivo	Expresa una obligación _____

4 Busca en los cuatro textos estas palabras. Luego, relaciona las palabras con su definición.

1. Aficionado
2. Embajador
3. Mascarilla
4. Terremoto
5. Desnutrición

a. Trozo de tela que cubre la nariz y la boca.
b. Movimiento de tierra.
c. Que practica o le gusta algún deporte, arte o ciencia sin ser profesional.
d. Debilidad a causa de una mala alimentación.
e. Persona que representa unas organización o institución.

5 ¿A quién admiras?
Prepara una presentación sobre un deportista solidario.

No olvides:
1. Presentarlo.
2. Hablar de su trayectoria profesional.
3. Explicar por qué es solidario.

Repasa lo aprendido en clase.

Después de la clase

Antes de la clase

Escanea el QR y prepárate.

Lección 4
Los valores del deporte

1 Aquí tienes tres significados de la palabra *valor*. ¿Cuál de ellos crees que es el correcto cuando hablamos de los valores del deporte? Relaciona los significados con estos deportes y explica por qué.

Valor 1
Precio, coste que tiene una cosa en el mercado.

Valor 2
Cualidad positiva que tienen las personas en su vida.

Valor 3
Fuerza, atrevimiento para hacer cosas. Cualidad de la persona valiente, opuesto a cobarde.

Deportes individuales

Deportes de equipo

2 Estas virtudes se suelen asociar al deporte. ¿A qué opuesto se corresponde cada una? ¿Qué tipo de deporte crees que desarrolla cada virtud? ¿Por qué?

Respeto • Justicia • Esfuerzo • Compañerismo • Comunicación
Solidaridad • Disciplina • Autoestima

| desorden | intolerancia | inseguridad | egoísmo |
| aislamiento | injusticia | pereza | individualismo |

3 Tres entrenadores describen sus deportes. Escúchalos.
Luego, marca: ¿verdadero (V) o falso (F)?

45

	V	F
1. El baloncesto es un deporte con individualidades, **pero** en el que no se puede ganar sin el equipo.		
2. En el baloncesto se desarrolla exclusivamente el respeto a los rivales. **También** es importante respetarse a uno mismo.		
3. **Aunque** en apariencia la natación sincronizada es un deporte sencillo, la realidad es que es muy duro y requiere mucho esfuerzo.		
4. En la natación sincronizada es esencial la comunicación **y** la solidaridad para llegar al éxito.		
5. El tenis es un deporte individual. **Sin embargo**, el tenista no está solo, trabaja con un equipo de varias disciplinas.		
6. El tenista necesita mucha fuerza mental. Debe trabajar la autoestima **o** no podrá superar los momentos difíciles.		

TEMA 14

4 Observa las afirmaciones de la actividad anterior y completa la tabla con ejemplos. Luego, relaciona y construye frases con sentido utilizando algunos de los conectores.

Conectores		
y	Para sumar elementos o ideas.	
ni	Para sumar dos ideas negativas.	*No me gusta el fútbol ni el tenis.*
o	Para proponer alternancia de ideas.	
pero, sin embargo	Para introducir una idea opuesta.	
aunque	Para introducir un obstáculo que no impide la acción principal.	
también	Para expresar igualdad o añadir información de manera positiva.	
tampoco	Para expresar igualdad o añadir información de manera negativa.	*Nunca he visto un partido de voleibol y tampoco uno de balonmano.*

1. No me gusta el boxeo.
2. Me encanta el baloncesto.
3. Quiere participar en el torneo.
4. Esperaba ir a los Juegos Olímpicos.
5. Puede jugar en el Atlético de Madrid.

a. Está lesionado en la pierna.
b. No ha sido elegido por el seleccionador.
c. Puede jugar en un equipo municipal.
d. No me gusta el bádminton.
e. Me gusta mucho el tenis.

5 Observa estos perfiles y di qué deporte o deportes son los más adecuados para fomentar los valores que más necesita. Justifica tus respuestas.

a Niño de 9 años muy tímido, con dificultad para relacionarse, para comunicarse y expresarse.

b Niña de 10 años bastante egoísta, que no comparte ni con sus compañeros ni con sus hermanos.

c Chico de 12 años muy perezoso, al que no le gusta estudiar ni sigue las normas en casa ni en clase.

Repasa lo aprendido en clase.

Después de la clase

TEMA 15 Estar al día

Lección 1

¿Cómo nos informamos?
- Describir los hábitos con respecto a la información y los cambios en los hábitos (repaso de los tiempos del indicativo)

Lección 2

Tiempos de *fake news*
- Distinguir una noticia falsa de una verdadera (repaso del contraste de los tiempos del pasado)

Lección 3

Noticias que cambiaron el mundo
- Relatar una noticia (los acontecimientos y las circunstancias, perfecto e imperfecto)

Lección 4

Periodismo y cine
- Narrar el argumento de una película (repaso del contraste entre los verbos *ser* y *estar*)

¿Qué relación hay entre la verdad y el periodismo?

Lee las siguientes opiniones. ¿Qué piensas de cada una de ellas? ¿Puedes relacionar las frases con las fotos? Hay varias posibilidades, justifica tus asociaciones.

a Cuando se descubrió que la información era un negocio, la verdad dejó de ser importante.

b Las malas personas no pueden ser buenos periodistas.

c El mundo digital está sacando lo mejor del periodismo.

d El periodismo solo tiene que cuidar de dos cosas: el lenguaje y la ética.

e El periodista tiene el privilegio de cambiar algo todos los días.

Antes de la clase

Escanea el QR y prepárate.

Lección 1
¿Cómo nos informamos?

1 Los medios de comunicación y tú, ¿cuál es tu realidad?
Responde a este cuestionario y comenta los resultados.

LOS MEDIOS DE COMUNICACIÓN Y YO

Indica el grado de acuerdo (1) o desacuerdo (5) con cada afirmación, según tu experiencia y opinión.

1. Veo la televisión más de tres horas al día.
   | 1 | 2 | 3 | 4 | 5 |

2. La radio es un medio de comunicación antiguo.
   | 1 | 2 | 3 | 4 | 5 |

3. Recientemente me he suscrito a un periódico digital porque casi todos son de pago.
   | 1 | 2 | 3 | 4 | 5 |

4. Antes compraba el periódico, pero ahora lo leo por Internet.
   | 1 | 2 | 3 | 4 | 5 |

5. Las revistas han cambiado su función: ahora son solo para temas muy específicos.
   | 1 | 2 | 3 | 4 | 5 |

6. Los gobiernos y las empresas están controlando todos los medios actualmente.
   | 1 | 2 | 3 | 4 | 5 |

7. Normalmente leo prensa digital, redes sociales y blogs, pero últimamente estoy leyendo otra vez periódicos en papel, que me dan más confianza.
   | 1 | 2 | 3 | 4 | 5 |

2 Relaciona los ámbitos de la información con las imágenes.
¿Qué medio o medios eliges para informarte de estos temas? Justifica tu respuesta.

38

Deportes   Política   Cultura   Sucesos   Economía   Sociedad   Medio ambiente   Última hora

Para ayudarte... o inspirarte
• Rapidez • Confianza • Imágenes • Facilidad • Costumbre • Cantidad de información

TEMA 15

3 Recuerda los usos de los tiempos verbales.
Escribe el número de las frases de la encuesta para ejemplificar los usos de los tiempos. Luego, completa las frases.

Repaso de los tiempos verbales
Presente de indicativo
• Describimos objetos y personas.
• Hablamos de hábitos y costumbres.
• Para comparar las costumbres actuales con las pasadas, usamos el contraste presente / pretérito imperfecto.
***Estar* + gerundio**
• Acción que se desarrolla en el momento actual.
• Comparamos costumbres con acciones actuales usando presente y la forma *estar* + gerundio.
Pretérito perfecto compuesto
• Acción pasada y terminada que tiene efectos en el momento presente.
• Acción realizada en una unidad no terminada o recientemente.
Pretérito imperfecto
• Acción habitual en el pasado.

1. Antes _____ (*seguir, yo*) la actualidad por las redes sociales, pero ahora no _____ (*saber, yo*) qué es verdad y qué es mentira.
2. En estos tiempos _____ (*escuchar*) la radio mucho porque cada día tengo que conducir una hora para ir y volver a mi nuevo trabajo y me _____ (*acompañar*) mientras lo hago.
3. Mi padre, todas las mañanas, mientras _____ (*tomar*) café en el bar, _____ (*leer*) dos periódicos y _____ (*comentar*) las noticias con los amigos.
4. Esta semana _____ (*cancelar, nosotros*) la suscripción al periódico que _____ (*tener*) los últimos años y la _____ (*cambiar*) por la edición digital, porque es más barata y tiene más contenidos.
5. Por desgracia, actualmente _____ (*perder*) la confianza totalmente en los medios de comunicación generales. Es una pena.
6. Desde pequeños, mi hermana y yo siempre _____ (*coger*) el periódico que _____ (*comprar*) mi padre, _____ (*leer*) las viñetas y _____ (*hacer*) los crucigramas. Ahora, yo _____ (*ser*) dibujante cómics y mi hermana _____ (*publicar*) una revista semanal de pasatiempos.

4 Presente, pasado y futuro de los medios de comunicación.
Prepara una presentación sobre el tema siguiendo el siguiente esquema.

Pasado
¿Qué medios eran los más importantes?
¿Qué medios utilizabas para informarte?
¿Qué confianza te daban y qué prestigio tenían los medios?

Presente
¿Cómo te informas en la actualidad en comparación con cómo lo hacías antes?
¿Qué nuevos medios han aparecido y qué confianza te dan?

Futuro
¿Cómo crees que será el futuro de la información?
¿Qué medios crees que sobrevivirán y cuáles desaparecerán?

Repasa lo aprendido en clase.

Después de la clase

Antes de la clase

Escanea el QR y prepárate.

Lección 2
Tiempos de *fake news*

1 ¿Cuál es tu experiencia con las noticias falsas? Responde las preguntas y charla con tu profesor o profesora.

- **a** ¿Lees o escuchas las noticias a diario?
- **b** ¿Por qué medio sueles estar más informado?
- **c** ¿Sueles fiarte de las noticias que lees?
- **d** ¿Has creído alguna vez una noticia falsa? ¿Puedes dar un ejemplo?

2 Lee las siguientes noticias. Algunas son verdaderas y otras falsas. Marca con una cruz la respuesta que creas que es la adecuada. Justifica la respuesta. Después, relaciona la imagen con la noticia.

a Ayer un estudiante de Física descubrió que, echando zumo a un test de antígenos, el test siempre daba positivo. V F

b La semana pasada detuvieron a un joven por inventarse que dos personas disfrazadas de pollo le habían robado el móvil. V F

c Hace dos años, en Carolina del Norte, los habitantes rechazaron poner en sus casas paneles solares porque tenían miedo de quedarse sin energía solar. Decían que los paneles se iban a quedar con toda la energía del sol. V F

d Un perro con apariencia de león generó hace dos semanas muchas llamadas a la policía. La gente llamaba insistentemente diciendo que había un león en la calle. V F

1

2

3

4

3 Vuelve a leer las noticias y escribe cada uso en el lugar correspondiente de la tabla. Después, escribe un ejemplo con las noticias.

1. Se utiliza para hablar de acciones puntuales en el pasado.
2. Sirve para describir el pasado.
3. Se utiliza para hablar de acciones repetidas en el pasado.
4. Se utiliza para hablar de acciones habituales en el pasado.

Pretérito perfecto simple	Pretérito imperfecto
Uso: _____	Uso: _____
Ejemplo: _____	Ejemplo: _____
Uso: _____	Uso: _____
Ejemplo: _____	Ejemplo: _____

4 Completa las noticias con los verbos en imperfecto o en perfecto simple. ¿Son verdaderas? Justifica tu respuesta.

1. En 2016, el papa Francisco _____ (*apoyar*) a Trump en las elecciones. _____ (*Estar*) de acuerdo con su política contra la inmigración.
2. En octubre de 2014, una mujer _____ (*pasar*) por el quirófano para tener un tercer pecho. La mujer no _____ (*estar*) contenta con los dos que _____ (*tener*).
3. Un chico de 27 años _____ (*denunciar*) en 2022 a sus padres por haberle dado la vida. Según sus palabras: «Mis padres me _____ (*tener*) solo por su alegría y placer».
4. En 2019, los bomberos _____ (*rescatar*) una rata enorme que _____ (*estar*) en una alcantarilla. Finalmente _____ (*liberar*) al animal, que _____ (*tener*) mucho peso. Mucha gente se _____ (*enfadar*), no les _____ (*parecer*) correcto.

5 Elige uno de los siguientes temas y preséntalo. Prepara tu presentación y habla de él durante tres minutos.

1 Una noticia que te impactó.

2 Una noticia falsa que creíste en un principio.

3 La noticia que más tristeza te ha producido.

4 La noticia que más alegría te ha dado.

Repasa lo aprendido en clase.

Después de la clase

Antes de la clase

Escanea el QR y prepárate.

Lección 3
Noticias que cambiaron el mundo

1 ¿Puedes citar cinco noticias recientes que están cambiando el mundo? Responde a estas preguntas.

1. ¿Recuerdas las noticias con las que has trabajado antes de clase?
2. ¿Te acuerdas de dónde estabas y qué hacías cuando te enteraste de esas noticias?
3. ¿Qué otras noticias te han impactado en la historia reciente?
4. ¿Puedes explicar las causas y consecuencias de las noticias?
   - Para expresar la **causa** usamos *porque* + verbo o *por* + nombre.
   - Para expresar la **consecuencia** usamos *por eso* o *entonces* + verbo.

2 Relaciona y construye frases. Luego, asocia con las fotos.

1. Estaba en mi casa cuando el presidente del gobierno…
2. Mis amigos y yo estábamos en casa viendo el partido cuando Iniesta…
3. Recuerdo perfectamente que cuando me enteré de la muerte de Kurt Cobain…
4. En 2010 yo pasaba unas semanas de vacaciones y estaba viendo la tele en mi ordenador en el hotel cuando vi el anuncio…
5. Me enteré de la existencia de Facebook cuando una novia me preguntó…
6. Yo volvía a casa en metro por la noche y miraba un programa de noticias en mi móvil…

a. … marcó el gol. Cuando terminó el partido, lo celebramos en la calle con miles de personas.
b. … estaba en clase y debatíamos con el profesor las enfermedades mentales y las drogas.
c. … si yo tenía una cuenta mientras cenaba. Me explicó qué era y ese día me abrí mi perfil.
d. … habló sobre el virus y sobre las normas del confinamiento. Me asusté mucho.
e. … el día que Will Smith le pegó a Chris Rock.
f. … del lanzamiento del iPad por Steve Jobs. En ese momento no entendí bien lo que era.

TEMA 15

3 Escucha este fragmento de un programa de radio. Marca: ¿cómo reacciona cada persona?

Noticias	Opción 1	Opción 2	Opción 3
a. Me enteré de que iba a ser padre...	Empecé a llorar.	Llamé a mi madre.	Me quedé callado 10 minutos.
b. Me han dicho que puedo estudiar Medicina...	He besado a mi novio.	He subido una foto a Instagram informando a todos.	He llamado a mi abuelo.
c. He leído que van a hacer una serie sobre *Cinema Paradiso*, mi peli preferida...	He mandado un wasap a mi marido y se lo he contado.	He entrado a Internet a buscar información.	He pensado que era una *fake new*.
d. Supe que Messi se iba del Barcelona...	Apagué la televisión.	Leí todos los periódicos para comprobar si era verdad.	Me puse a llorar.

4 Lee y completa el esquema con algún ejemplo de las actividades 2 y 3. Luego, pon los verbos en la forma correcta del pasado.

Para hablar de una secuencia de acciones	Perfecto simple, perfecto simple
Para hablar de una acción en desarrollo interrumpida por otra	Perfecto compuesto, perfecto compuesto *Cuando/Mientras* + imperfecto, perfecto simple
Para hacer referencia a dos acciones simultáneas	*Cuando/Mientras* + imperfecto, imperfecto

1. El sábado pasado, cuando _____ (*saber, yo*) la noticia, _____ (*llamar*) a mi madre.
2. Mientras Alba se _____ (*duchar*), su novia _____ (*ver*) la televisión.
3. Esta mañana, Sara y yo _____ (*pasear*) por el parque cuando _____ (*empezar*) a llover.
4. Ayer, mientras _____ (*aparcar, yo*) el coche, _____ (*ver*) a Carmen entrando en la biblioteca, pero ella no me _____ (*ver*).
5. El miércoles pasado mi hermana _____ (*estar*) en el centro comercial y me _____ (*comprar*) los zapatos que me _____ (*gustar*).
6. El fin de semana que mis padres _____ (*venir*) a Sevilla, _____ (*visitar*) la catedral y _____ (*comer*) en Triana.
7. Cuando Elena _____ (*vivir*) en Colombia, _____ (*hacer*) unas prácticas de seis meses en Radio Caracol.
8. Cuando yo _____ (*trabajar*) en Buenos Aires, mi hermano Pablo me _____ (*visitar*) una semana.

5 Piensa en alguna noticia importante para ti por algún motivo. Infórmate y haz una presentación. ¿Recuerdas cómo y cuándo te enteraste de esa noticia? ¿Puedes decir causas y consecuencias?

> **PARA AYUDARTE**
> En periodismo, para contar una noticia, se responde a las 6W (por sus iniciales en inglés): **qué**, **quién**, **dónde**, **cuándo**, **por qué** y **cómo**.

Repasa lo aprendido en clase.

Después de la clase

Antes de la clase

Escanea el QR y prepárate.

Lección 4
Periodismo y cine

1. El periodismo en el cine, ¿conoces alguna película?
Responde las preguntas y da tu opinión.

   1. ¿Te gusta el cine?
   2. ¿Qué tipo de películas prefieres?
   3. ¿Te gustan las películas en las que hay investigaciones? Justifica tu respuesta.
   4. ¿Conoces alguna película en la que los protagonistas sean periodistas? ¿Puedes decir algunos títulos?

2. Lee estas cuatro sinopsis de películas. ¿Las conoces?
Luego, escribe frases verdaderas o falsas sobre las películas. ¿Descubre tu profesor o profesora las falsas?

Inicio   Registrarse   Iniciar sesión

Cine y periodismo

Superman

Superman es un superhéroe que se esconde bajo la apariencia de un humano llamado Clark Kent. Clark Kent es un hombre tímido y bueno que trabaja de reportero en un periódico: el *Daily Planet*. Allí trabaja con la reportera Lois Lane, de la que está enamorado. Lois está enamorada de Superman y no sabe que en realidad este superhéroe es el periodista con el que trabaja a diario. Superman es del planeta Krypton y su traje de superhéroe es rojo y azul.

Spotlight

En 2001, el editor de *The Boston Globe* encarga a un grupo de periodistas que investigue a John Geoghan, un cura acusado de haber abusado de más de 80 chicos. Michael Rezendes dirigió la investigación. Él es filólogo, pero estuvo muchos años trabajando de periodista. *Spotligh* fue una película de gran calidad y obtuvo un Óscar a la mejor película y otro al mejor guion original. Los Óscar fueron en *Los Ángeles* y fue una noche muy especial.

Todos los hombres del presidente

Dos jóvenes periodistas empiezan a investigar al Partido Demócrata en Washington. Sus investigaciones abrieron el caso Watergate. Este caso sucedió en Estados Unidos y acabó con la dimisión del presidente Nixon. Durante todo el proceso de investigación, Nixon estaba nervioso y muy preocupado. La película es un canto a la libertad de expresión y la ética del periodismo. Uno de los protagonistas es Dustin Hoffman. Entonces era muy joven cuando interpretó el papel de periodista. Hoy es un magnífico actor.

Ciudadano Kane

Un periodista se obsesiona por comprender el significado de la palabra *rosebud*, pronunciada por Charles Foster Kane antes de morir. Es considerada una de las grandes joyas del cine de todos los tiempos. Es una película fantástica que obtuvo un Óscar al mejor guion original. Orson Welles la dirigió de forma magistral. Orson, además de director y productor de cine, también era locutor de radio.

3 Habla sobre las cuatro películas anteriores. Responde a las siguientes preguntas.

a ¿Conoces alguna de esas cuatro películas? En caso afirmativo indica cuál.

b Si no has visto ninguna, ¿cuál crees que es más interesante? ¿Por qué?

c ¿Crees que el cine puede ayudar a hacer una sociedad mejor?

d ¿Existe la libertad de expresión? Justifica tu respuesta.

4 Vuelve a leer las sinopsis y completa la tabla de los usos de *ser* y *estar*. Después, escribe un ejemplo que no esté en las sinopsis.

1. Se usa para describir.
2. Se usa para hablar del color.
3. Se usa para hablar de profesiones.
4. Se usa para localizar personas, animales, cosas...
5. Se usa para localizar acontecimientos.
6. Se usa para mostrar una realidad.
7. Se usa para identificar (nombre, nacionalidad, hora...).
8. Se usa para hablar de circunstancias y estados.

Ser	Estar	Ejemplo

5 Prepara una presentación sobre una película que te haya gustado especialmente. Si es posible, habla de una película en la que los protagonistas sean periodistas.

Después de la clase

Notas

Agradecimientos

Patricia

A Jimena, mi eterna sonrisa, mi valiente sirena, mi sala de juegos.

A Juanjo, mi hogar.

A mis padres, os llevo siempre conmigo.

A Ramón, mi amigo, mi mejor compañero.

A Óscar, nuestro faro.

A vosotros, mis alumnos, mi enseñanza más bonita.

José Ramón

A papá, siempre en la memoria.

A mamá, ejemplo, modelo, referente.

A tito José Mari, mi segundo padre, maestro, compañero y guía.

A Patricia, compañera de aventuras.

A esos profesores y alumnos que comparten nuestra pasión.